老子に学ぶ

大器晩成とは何か

上野浩道

藤原書店

はじめに

私たちは次世代の人々をどのように育てればよいのか悩むことが多い。子どものことになると、それぞれの親は、どうしても受験競争に打ち勝つこととか、良い会社に就職すること、金持ちになることなど、目先の目標に目が向きがちになってしまう。しかし、そのように良かれと思っておこなった大人の好意が、それを受けとる側の人たちの本来の生き方に、かなっているかどうかは分からないものである。つまり、自分に対して嘘偽りなく生き、ありのままの自分が発揮されて育っているかどうかは分からないということである。

実際、現実社会のなかで自分本来のありのままの姿勢を貫いて生きることはなかなか難しい。さらに、その育て方にも迷ってしまう。そこで、ありのままに生きるような人間がどのように育てられ形成されるかに関して、「老子の思想」にはヒントになることが多く含まれている。その考え方を象徴するものとして、「大器晩成」という言葉が残されている。この「大器晩成」のように生きて育っていくことは、どのような構造になっているのかを探るのが、本書のねらいである。

「大器」とは大きな器のこと。もともとは陶芸での言葉であるが、転じて人間の器量、それをそなえた人物、大人物を意味するものである。だから、私のような大器でない人間が大器について書くのは気が引ける。しかし、大器へのあこがれがあるから許されるだろう。

一方、「晩成」については書く資格がある。私の誕生日は三月二九日である。生まれた時に、親は将来を心配したのか、次の学年に入れるように、日付を遅らせて届けることも考えたようである。しかし、最初から嘘をつくのはよくないということで、このとおりになったと聞かされてきた。ところが、学校に入ると、ほとんど一年遅れのハンディキャップは大きいものであった。毎年、同学年生とは周回遅れの繰り返しで、成長とともにその差は縮まっていったが、やっと追いついたのは二十歳ぐらいの頃であったというのが実感である。おまけに、私の心と身体は「積極的」という言葉を忘れてきたのではないかと思われるぐらいの代物である。だから、いつまでも未熟であり大成できないままに過ごしてきた。

一般に、晩成とはできあがるのが遅いと解される。しかし、一方で、ほとんどできあがらないことという説もある。だから、いつまでも完成しないから大器であるということになる。こう捉えると少しは気が楽になる。

ところで、科学技術の発達した現代文明の時代に、いま、なぜ「老子の思想」か、と不思議に思われる方もおられるだろう。考えてみると、これまで人間のあり方や人間形成の問題について考えてきた多くの人たちのなかで、これらの問題を根源的に考察してきたのは古代の哲人といわれる人たちである。ソクラテス、プラトン、アリストテレス、孔子、老子、荘子などである。彼らによって人間についての根幹にあたる問題の多くは探究されている。ところが、その後に続く多くの研究者たちがおこなってきたことは、彼らが提出した問題についての枝葉にあたる部分を分析し深めているにすぎない。だから、老子のような人々が提出した根幹のところから、もう一度、人間のあり方と人間形成の仕方を捉えなおさなければならないのである。

本書は、老子や荘子のスケールの大きな視点をふまえて、教えること、学ぶこと、育てることの根源的意味を問うものである。彼らは、教えること、学ぶこと、育てることの極点を示している。その究極の思想は、ありのままに生き、しなやかに学び、無理なく育てることの重要性を今日の私たちによみがえらせてくれている。ここから学ぶことがいかに多いか、本書がそのきっかけになれば幸いである。

上野浩道

目次

装丁・作間順子

老子に学ぶ

大器晩成とは何か

老子の言葉

人は地を手本とし、
地は天を手本とし、
天は「道」を手本とし、
「道」は「自ずから然り」を手本とする。

小さく見えないものを見るのが覚醒であり、
柔らかさを守るのが強さである。
形あるものが便利になるのは、
何もないものがはたらいているからだ。

心を空虚にして、
真に静寂を守る。
万物はどれも生成しているが、
私はそれらが復帰するのをみつめる。

そもそも、ものは絶え間なく動き、休まないが、
それぞれの根元にもどっていくのだ。
根元にもどっていくと静寂になる。
これは万物の命にもどることである。
命に帰ることは恒常なあり方である。

最上の善とは水のようなものである。
水はあらゆるものに恵みを与え争わない。
それは誰もが嫌う地味な場所でいつも満足している。
このように、水は「道」に近いものである。

強くて大きいものは下位にあり、
柔らかくてしなやかなものは上位にある。

世の中で最もしなやかなものが、
世の中の最も堅いものを貫通する。

「道」はいつでも何事も為さない。
だが、それでいて為されないということはない。
もし統治者がこの「道」を守っていけるならば、
万物は自ずと変わるだろう。

仕事が成しとげられても、
その見返りを求めることはない。
成功しても、名声を求めることはない。
名声を求めないから、成功はつねにそこにある。

純真さのまま、
生まれつきの本性に固執せよ、
自己本位の自己を取りのぞき、
強欲を捨て、
自発的でない学習を捨てよ。
そうすれば、思いわずらうことはなくなるだろう。

学問をするとき、
日ごとに知識を蓄積していくが、
「道」をおこなうとき、
日ごとに欲望を減らしていく。

賢ぶることをやめ、知識を放棄せよ。
そうすれば、人々は百倍も利益を得るだろう。
仁愛をなくし、道義を捨てよ。
そうすれば、人々はたがいにもっと敬い慈しみあうだろう。
技巧をこらすことをやめ、利益を捨てよ。
そうすれば、盗みや詐欺はなくなるだろう。
賢しらと知識、仁愛と道義、技巧と利益はただ外面的な工夫にすぎない。

他人のことを知る者は智のある人であり、
自己のことを知る者が目覚めた人である。

本当に知っている者は、言わない。
もの言う者は、本当に知っていない。

最上の指導者はその存在が知られているにすぎない。
その次の指導者は人々に親近感があり、
ほめたたえられる。
その次の者は人々に畏れられる。
最下等の指導者は人々に軽蔑される。

賢者は腹に集中し、感覚の誘惑を追求しない。
このように、彼は多欲な外部の力を捨て、
無欲な内部の力をとるのである。

欠点を欠点として知れば、これは欠点とはならない。
賢人には欠点がない。
彼は欠点を欠点として認める。
だから、彼は欠点がないのだ。

慈しみがあるから勇気を出すことができ、
倹約するから広く施しをすることができ、
世の中の人々の先頭に立たないから、
万人の長となれるのだ。

賢者は人々の上に立とうと思うならば、
必ず、
人々の前で言葉をつつましくしなければならない。
人々の先に立とうと望むならば、
必ず、彼らの後に身をおかねばならない。

人々は光り輝いているのに、
私一人が暗くて鈍い。
人々ははっきりして賢いのに、
私一人が鈍くて大まかだ。
何と静かなことか、穏やかな海のようだ。

「道」は万物を生み出し、
「徳」がそれらを養う。
ものはそれぞれの性質によって形づくられ、
何かのはたらきをもつものとして成る。

「道」が失われると、「徳」をかかげることになり、
徳が失われると、仁愛をかかげることになる。
仁愛が失われると、道義をかかげることになり、
道義が失われると、礼儀をかかげることになった。
礼儀はそもそも信義を欠くものなので、
無秩序の第一歩となる。
先を見通すような知識は「道」の外見にすぎなく、
愚昧の始まりである。

第*1*章

素と朴を守る

一　大いなるもの

混沌とした何ものかがあり、
天と地よりも先に生まれていた

『老子』第二五章

有物混成、先天地生。寂兮寥兮、獨立不改、周行而不殆、可以爲天下母。
吾不知其名、字之日道。強爲之名日大。大日逝、逝日遠、遠日反。
故道大、天大、地大、王亦大。域中有四大、而王居其一焉。
人法地、地法天、天法道、道法自然。

混沌とした何ものかがあり、
天と地よりも先に生まれていた。
音もなく、空漠、
ただ独りで立ち、依存することなく、
あらゆるところに充ち、疲れることがない。
それは世界の母だといわれる。
その名は知られておらず、

「道」と呼ぶだけである。
もし私が名をつけようとするなら、
それを「大いなるもの」と呼ぼう。
「大いなるもの」とは無制限に広がっていくことである。
無制限に広がるとは遠ざかることであり、
遠ざかるとはもとの「近くに」返ってくることである。
このように、「道」が大であるように、
天も大、地も大、人もまた大である。
世界には四つの大があり、人はその一つの位置を占める。
人は地を手本とし、
地は天を手本とし、
天は「道」を手本とし、
「道」は「自ずから然り」を手本とする。

私たち人間は、万物の霊長として、この地球上に当たり前のように君臨している。しかし、それより前に天と地は存在していたのだ。さらに、それより前に存在していたものがある。形もなく混沌としていたもの。「道」である。すべてのものが自ずからそうなるという原理をもつものである。人間は天と地とともにこの「道」にのっとって生きているのだ。

天とは天空であり、地は大地、土壌である。老子は第七章で「天長地久」と言う。天はとこしえに存在し、地はいつまでもかわらないものだと。戦前の日本では、天皇と皇后の誕生日を天長節、地久節と呼んで祝っていた。天は父であり、地は母である。

しかし、現代の地球をみると、天と地の存在そのものが危うい。老子が生きかえってきたら、腰を抜かすような事態がいっぱいおこっている。大気は放射能やCO_2などで汚染し、大地も公害や核のゴミ、地下資源の開発などで危ない。人間の方もいつまでも争いが絶えない。そこで、人間を、天と地とつながりをもつ存在という視点から、もう一度「大いなるもの」として捉えなければならない。

人間はもともと天と地とともに生きてきた。日本の「みどり子」や英国の「グリーンチャイルド」、「グリーンマン」そして古代中国の「盤古」などのイメージが残されている。これらは、人間が土から生まれた植物といかに関係が深いかを示している。草食系だけでなく、あらゆる人間は大地と天気の恵みをえていることでは共通している。しかし、時代とともに人間は地球上を制覇し、天地との関係を断ってきた。そこから、さまざまな問題がおこってきた。そこで、もう一度、天と地と人とがまだ区別されていない混沌としたところから人間の姿を見つめなおしてみよう。

人、地、天が手本とする「道」とは、形もなく、音もなく、空漠としているけれども充ちており、言葉でも表現できないものなのだ、と老子は言う。それは、「玄の又た玄」と形容される宇宙の根源を表している。玄関の玄、玄界灘の玄、玄人の玄のように暗く奥深く深遠なものが行きつくところで、無とも言われるものである。しかし、そこから多くのものが生み出されてくるのだ。老子は第四二章で、

道生一、一生二、二生三、三生萬物。萬物負陰而抱陽、沖氣以爲和。

「道」は「一」を生み出す。
「一」から二つのものが生まれ、
二つから三つのものが生まれ、
三つから万物が生み出される。
これらすべては肯定と否定の統一によって作用し、
あらゆるものは包まれ調和する。

と言う。無という「道」は有という「一」を生み、この「一」は天と地という「二」を生み、「二」は陰と陽の気を加えて「三」を生み、「三」はあらゆるものを生むというように、「道」は万物が生み出されてくる根源なのである。そこから、あらゆるものは、「自ずから然り」というように、この「道」の原理によっていくべきだという理法にもなっている。

一般に道という言葉は、この場所からあの場所へと続く道路の意味、巡礼や遍路といった精神的意味をもった道、「私が道である」と道を説く宗教者や教育者の言葉などで使われる。これらの使い方では、この道に従っていこう、そうすれば目標に到達できるのだという意味が含まれている。同じように、オリエンテーションという言葉も、進路や方向に従っていけるように他者が指導することを表している。同じ語源からくるオリエンテーリングという競技も、地図や磁石を頼りに自分で目的地に到達しようと競うものである。これらの言葉には、他人から指導を受けよう、自分から探していこうという意志が込められている。

しかし、老子の「道」はこれとは違う。「～に従う」「～してやろう」といった意図や欲をもって近づくと見えないものなのである。これとは逆に、ものごとに対し意図せず無欲で近づくと、ものごとは「自ずから然り」となっていることがわかる、と言うのだ。そこで、「道」の実体と現象は同じであるから、ものごとの現象を見れば「道」がわかり、「道」がわかれば、ものごとの現象がわかるということになるのだ。

それでは、「道」が手本とする「自ずから然り」とはどのようなことかについて考えてみよう。例えば、バラの花は自分が「ローズ」とか「薔薇」と名付けられていることは知らない。また、バラの花は、他の花よりも美しく咲こうとか、人間を楽しませようと思って咲いているわけではない。バラの花はただバラの花として咲いているだけなのだ。だからこそ、バラの花を見る側も心すべきである。「これはバラの花である」と名前や概念からその価値を評価すること、他の花と比較してその美しさを判断すること、あるいは、美しい、香りがよいという感覚的観点から見ることなどは、バラの花のある側面だけしか見ていないことになる。バラの花は自ずから咲いているという捉え方が重要なのである。さらに、バラの花とそれを見る側との間に気が流れる関係ができると、自ずから感動が生まれてくるのだ。老子は、

大日逝、逝日遠、遠日反。

「大いなるもの」とは無制限に広がっていくことである。
無制限に広がるとは遠ざかることであり、
遠ざかるとはもとの「近くに」返ってくることである。

と言う。「道」のはたらきである。老子独特の捉え方であり、ものごとの反転についての考え方である。一方に動いて行けば、必ずそれは元に戻ってくるというのだ。ここには、ものごとの間に流れる精神のダイナミズムが示されている。遠ざかることと近づくことといった区別はなくなっているのだ。この精神が満たされることによって、見るものと見られるものとの区別はなくなっている。ものそのものは本物となり、見る側も本物を見ることになる。このように、精神の根源的源からものごとに迫ると、人とものとの間は生き生きと感じられてくる。中国の『画論』では「気韻生動」と言われるもので、新しいものを生み出す創造力の原点でもあるのだ。

バラの花は、自らの存在を存在として考えておらず、自ずからそうなっているという一つの存在なのである。だから、バラの花に対し、外側から無理矢理に意図して迫ることを止め、欲をもって見ようとしないことである。意図をもたず、作為をなさず、ありのままに、自ずからにまかせようというのが、老子の「無為自然」である。「自ずから然り」を手本とする「道」、「道」を手本とする天、天を手本とする地、そして地を手本とする人間。バラの花が天と地を手本にその恵みをえて花を咲かせているように、人間も天と地を手本にその恵みをえて花を咲かせてみよう。

二　無垢と経験のあいだ

小さく見えないものを見るのが覚醒であり、
柔らかさを守るのが強さである

『老子』第五二章

天下有始、以爲天下母。既知其母、復知其子。既知其子、復守其母、沒身不殆。
塞其兌、閉其門、終身不勤。開其兌、濟其事、終身不救。
見小日明、守柔日強。
用其光、復歸其明、無遺身殃、是謂習常。

世界には始めがあり、
それは世界の母と呼ばれる。
その母を知ったものは、
その子どもを知る。
その子どもを知り、
その母をしっかり守れば、
身を没するまで危ういことはない。

言葉による表現を塞ぎ、
感覚の門を閉ざすならば、
一生、疲れることはない。
それに対して、言葉が満ちあふれ、
わずらわしい事が増すならば、
一生、癒やされることはないだろう。
小さく見えないものを見るのが覚醒であり、
柔らかさを守るのが強さである。
内なる光によって覚醒にかえれ。
そうすれば、身に不幸はふりかからない。
これは恒常の「道」に順《したが》ったものと呼ばれる。

私たち人間の赤子は「アーアー」という大きな始原音を発して生まれて

くる。なぜ「ア」という声なのだろうか。母親の胎内を通りながら現実世界を前にして、自分のすべてをあらゆるものに委ねる自己否定の泣き声であるとも言われる。それと同時に、これから生きていくうえで多くの妥協が強いられることが予想される現実世界に対しての自己主張の声でもある。つまり、自己を否定するとともに、自己を高らかにアピールする根源的響きなのだ。しかし、赤子自身はまだ主張や否定をしているわけではない。聞いている側の解釈なのだ。赤子にはまだ喜びや悲しみはない。ただ「アー」という声があるだけだ。

このような柔らかさを含んだ赤子の声には、すべてのものが未分化な状態のままの混沌とした矛盾を抱え込んでいる。ここには、人間存在というものの本質が象徴的に示されている。しかし、その後、無垢な状態の赤子は、成長、発達するにつれて現実世界の生活や組織に否応なしに適応しなければならない。そのためには、言葉を学び、経験によって感覚器官を鍛えることが求められることになる。だが、残念なことに、それによって、これまでの柔らかな白紙の心は、現実世界のしがらみに、からめ取られ歪められていくことになる。

子どものもつ純粋無垢な世界は、その後の経験世界と比べると、誰もが認める異次元の世界である。それらを対蹠的に捉える試みはこれまで多くの詩人たちによって謳われてきた。W・ブレイクは、子どものもつ牧歌的な喜びの世界を歌いあげる「無垢の歌」と、大人になって精神が堕落していく姿を批判する「経験の世界」とを対比させた『無垢と経験の歌』(一七八九年)を著している。同じように、H・リードも、自分の伝記の副題に「無垢と経験」という対蹠的な概念の名前をつけている。彼は「緑の子」と名付けた主人公の純粋無垢な世界を自分の生涯の原点にしていたのである。ところが、現実の経験世界は、老子が言うように「言葉が満ちあふれ」「わずらわしい事が増す」社会なのだ。

いつの時代でも、どの国でも、社会で生まれた人間は、自らの能力を伸ばし、自らの願いや希望を生かせるように自己の形成をはかっていく。ところが、一方で、すでに先人たちがつくってきた既存の組織に自らをあてはめ、適応していかなければならないことがある。発達と適応、個と集団といった矛盾である。あれかこれかという相対的な価値判断が求められる現実社会では、「危う」く、「疲れ」、「わずらわし」く、「癒やされることのない」ことがらが満ちあふれている。

このような社会に対して、老子は「言葉による表現を塞ぎ、感覚の門を閉ざす」ことを求める。意外なことである。その意味を読みとるうえで荘子の寓話は示唆に富む。その昔、目、鼻、耳、口の七つの穴の無いノッペラボウな顔をした渾沌が、南海と北海の帝を歓待した。その後、二人の帝はその恩に報いるために、渾沌の顔に、一日に一つずつ穴を空けていった。ところが、七日目に渾沌は死んでしまった、という話である。ここには人間のあり方についての象徴的な意味が込められている。口から出るだけの言明、目だけからの観察、耳で聞くだけの判断など、言葉だけ、感覚だけに頼っていく姿を戒めているのだ。

現実の経験世界は、言葉や感覚による相対的な原理で動いている。だから、対立や格差は避けられない。名誉や名声を求める競争社会でもある。それに対して、老子は第二章で次のように言う。

天下皆知美之爲美、斯惡已。皆知善之爲善、斯不善已。故有無相生、難易相成、長短相較、高下相傾、音聲相和、前後相隨。是以聖人處無爲之事、行不言之教。萬物作焉而辭、生而不有、爲而不恃、功成而弗居。夫唯弗居、是以不去。

世の中で美があまねく美として認められると、

そこに醜さがでてくる。
善があまねく善として認められると、
そこに不善がでてくる。
だから、有と無はたがいがあって生まれ、
難と易はたがいがあって成り立ち、
長と短はたがいがあって形となり、
高と低はたがいがあって限定しあい、
声と音はたがいがあって調和しあい、
前と後はたがいがあって順序をもつ。
だから、賢者は無為の立場に身をおき、
言葉によらない教えをする。
万物は生成されても、干渉されることなく、
生長していっても、誰もそれを所有しない。

仕事が成しとげられても、その見返りを求めることはない。
成功しても、名声を求めることはない。
名声を求めないから、成功はつねにそこにある。

あれかこれかという二項対立的な原理が引きおこす悩みは人間にとって広くて深い。毎日毎日ありとあらゆるところで、これによる悩みはおこる。一つの価値に偏ると必ずもう一つの価値が現れるからだ。まさに煩悩無尽だ。一〇八の除夜の鐘を撞くぐらいでは間に合わない。美と醜、善と不善の問題だけではない。教育では、個人が発達することと集団へ適応することとの矛盾をどのように解決するか、といった問題がある。H・リードは、教育が内在的に抱えるこのような矛盾を踏まえて、「教育の目的は、人間の個性を発達させるとともに、教育された個性をその所属する社会集団に有機的に統一させ調和させることである」と言う。個々人の個性を発達させる（develop）とともに、適応させていく教育のあり方を、調和させる(harmonize)という見事な言葉を使って言い表している。教育はハーモニーなのである。

同じように、集団についても、それぞれの個性が考慮されないpeopleという全体的な集団よりも、一人ひとり違った個性のpersonが集まったpersonsという集まりの方を選んでいる。このpersonsという言葉に、sonという「音」や「響き」を表す意味が含まれていることも興味深い。一人ひとり違った人間が、それぞれ自分のもっている音を出し、響かせ、他者とともにハーモニーを奏でて社会を形成するのだ。私の先生である大田堯は、この点にも注目して、教育はアートであると主張する。このアートという言葉は、日本語訳の芸術が狭い領域で使われているのに対し、欧米語本来が含む「わざ」や創造、創作を意味するものとして使っているのだ。このような主張が出てくるのには根拠がある。日本の社会や学校教育の現実が、創造的な「わざ」や創作的なものとは正反対だからである。しかし、大田は、今日の閉塞的状況にあっても、「子どもの声に耳をすませ、その新鮮な生命とひびき合い、子どもの声にはげまされて、困難を喜びに変えながら耐えぬいている」教師たちがいることを忘れてはならないと言う（『大田堯自撰集成1』藤原書店、二〇一三年）。現在の教化や同化を求める教育を変えるには、このような感性こそが必要なのだ。

老子も、「声と音はたがいがあって調和しあい」（「音聲相和」）と言う。音階を示す「聲」と、それを組み合わせた旋律を表す「音」とは矛盾しあっているが、それらはたがいに和してハーモニーを奏でていると言うのだ。だから、個人と社会という矛盾する問題もたがいがあって成り立っているので、「無為の立場」で扱い、「〜しても、〜しない」というあり方をとるのがその解決の極意なのである。

自分の存在と現実の集団世界との間の絶妙な機微を捉え解決する好例と

して、昔から「白鳥蘆花に入る」という言葉がある。真っ白な蘆が一面に咲いている原っぱに、一羽の白い鳥が舞い降りたという情景である。それまで静かだった蘆原が舞い降りた白鳥の羽風によってそよぎ出す現象を見て、先人たちはここから環境と自分との関係性にかかわる機微を読みとった。

白鳥が白い蘆原に入り、蘆と一体になるという側面に注目すれば、白鳥は自己を無にして周囲の環境に適応させている状態を表したものと捉えることができる。一方、白鳥が蘆原に降りるとき、それまで静かだった蘆原が羽風によってそよぎ出す側面に注目すると、別の解釈がでてくる。白鳥が蘆原と一体となり無となると言っても、実は白鳥は蘆原に風をおこし、それが波紋となって蘆原に波及しているのだ。このように、白一色のなかで特に目立った現象ではないが、そこには周囲の事物や他者に対してなにがしかの影響関係が見られるのである。自分の存在を目立たせることなく、他者や環境と折り合いをつけ、それでいて、異質の個と個がたがいに触れあいながら他者の存在を生かし、さらに他者を引き出すという絶妙なハーモニーが奏でられているのである。

この言葉は禅の公案集『碧巌録』の「白馬蘆花に入る」からきたものである。絶対無の境地を求める公案の一つである。現実の相対的世界の矛盾と悩みを解決するために、老子が「内なる光」による覚醒を求めているのは、この境地に通ずるものである。詩人のように、そして、赤子の心の柔らかさをいつまでも保っている状態である。

概念的、説明的な「言葉による表現を塞ぎ」、一つの感覚器官だけに頼る「感覚の門を閉ざす」ことで、「見えないもの」が見えてくる、と言うのだ。だから、「言葉によらない教え」(「不言之教」)が可能なのも、「無為の立場」に立っているからだ。無垢な自然のままの人間に対し、外部からの人為的な手を加えることさえしなければ、その人本来の真実に順《したが》った暮らしは可能になるというのだ。

三　素朴という宝もの

純真さのまま、生まれつきの本性に固執せよ
『老子』第一九章

絶聖棄智、民利百倍。絶仁棄義、民復孝慈。絶巧棄利、盗賊無有。
此三者、以爲文不足、故令有所屬。見素抱樸、少私寡欲。絶學無憂。

賢ぶることをやめ、知識を放棄せよ。
そうすれば、人々は百倍も利益を得るだろう。
仁愛をなくし、道義を捨てよ。
そうすれば、人々はたがいにもっと敬い慈しみあうだろう。
技巧をこらすことをやめ、利益を捨てよ。
そうすれば、盗みや詐欺はなくなるだろう。
賢しらと知識、仁愛と道義、技巧と利益はただ外面的な工夫にすぎない。
この三つは、教えの文章とするにはまだ足りない。
そこで、拠りどころがあるようにしよう。

純真さのまま、
生まれつきの本性に固執せよ、
自己本位の自己を取りのぞき、
強欲を捨て、
自発的でない学習を捨てよ。
そうすれば、思いわずらうことはなくなるだろう。

子どもが社会で生活していくには、いろいろなことを学ばなければならない。しかし、何を学ぶかが問題である。そして、なぜ学ぶのかも問わなければならない。老子は、このような学ぶこと教えることの根本的な目的について問いかける。

賢く巧妙に知的分別をしようとすること、いろいろな事柄を幅広く知っている物知り、不幸な人々に対し上から目線で情けをかけること、人が行うべき筋道をお節介に外部から示すこと、打算的思考によって抜け目なく立ち回ること、生きていくうえで儲けと得でもって判断の基準とすること、これらすべては人間が社会的に成功しようとして考えついたものにすぎないのだ、と言う。現代の話ではない。二五〇〇年以上も前のことである。

老子の生きた時代には、儒教の仁という道徳観念が人間関係の中心的規範となっていた。もともとは孔子が示したように、礼によって自己を抑制し、他者を思いやり、慈しむという道徳を表すものであった。しかし、それが現実社会で生きていく人間関係に利用されると、上下関係を支える規範として個人の行動を規制するものになっていき、そこから問題が生じてきた。

父母に孝行し、兄に従順に仕え、慈善の心を大切にする「孝悌仁義」の徳や、目上の者に忠実で信愛の心をもち、夫に仕えて節操を守るという「忠信貞廉」の徳を身につけることがめざされたのである。その順序も、「修身斉家治国平天下」と言われるように、先ず個々人の身を修め、そして家庭をととのえ、さらに国を治めるようになっていくと、天下は平和になるという論法であった。個人の修身が家庭や国家、社会と連動していくものであった。ところが、それが現実社会で実行されると、天下国家のために、個人は服従し、個人は犠牲となるという逆転現象がおこったのである。当然そこには、実利的な発想も取り入れられていくことになる。

このような「外面的な工夫」をこらす生き方に対し、老子は、「純真さ」という汚れがなく邪念や私欲のない心を求める。「純真さ」は原文では「素」である。まだ着色されていない白い絹のこと。生地のままのもの、本来的であるもの、純粋無雑なことである。素っぴん、素人な状態である。無垢な赤子の心である。

儒教が人間の守るべき倫理と説く仁や孝に対しての荘子の批判も鋭い。彼は、最上の仁というものは孝などを超えたところにある、と言う。そして、天下の人々は「孝悌」や「仁義」、「忠信」や「貞廉」などを尊んでいるが、それらは人為的につくられたものにすぎなく、尊重するには値しないものだ、世間でもてはやされている爵位や富、名誉などは尊ぶほどのものではないのだ、と言う。そして、このような世俗的社会的価値観によって毒されている人々との関係性を絶ち、自分という個の立場に立つことによって、人間にそなわっている自然の徳を求めようとしたのである。

老子は「純真さ」とともに「生まれつきの本性に固執せよ」と言う。「生まれつきの本性」とは原文では「樸」である。樸（朴）とは山から伐りだしたばかりの原木のこと。いわゆる荒木を意味する。「素」（「純真さ」）と「樸」（「生まれつきの本性」）が合わさって素朴という状態を表している。このように、素や樸、素朴とは、ものやことが成り立っている生まれつきの生地（素地、木地）のことである。これがいかに重要なものであるかは、まだ人為的な手が施されていない素肌や素顔、織物に使う生地、麺やパンや菓子の材料となる生地などの大切さをみればわかるだろう。

『荘子』「天地」第一二章で「夫れ明白にして素に入り、無爲にして朴に復り」と言う。明るく澄み切った心のままの素の境地に入り、いっさいの人為を無くして朴の状態にもどることが重要なのだと。そして、「馬蹄」第二章では「夫れ樸を残《そこな》いて以て器を爲るは、工匠の罪なり。道徳を毀《こぼ》ちて以て仁義を爲るは、聖人の過ちなり」と、荒木の美しさを生かさず、それを損なって作ったのは大工の罪であり、同じように、自然の道徳を壊して、仁義をつくったのは聖人の過失だ、と厳しく批判している。

「生まれつきの本性」とは、老子の別の喩えでは、赤子の心の状態である。成長してからもこの心を持ち続けるように、と言う。第五五章で、

含德之厚、比於赤子。

「徳」を豊かにもっている人は、
無垢な赤子と同じように見られる。

と言う。そして、その子は、昆虫の針や、野獣の爪、猛獣の攻撃からも免れている。なぜならば、それは、生まれつきの自然が、それ自身で他のものと調和しているからだ、と捉えている。さらに続けて、

終日號而不嗄、和之至也。
知和日常、知常日明、益生日祥、心使氣日強。
物壯則老、謂之不道。不道早已。

一日中泣き叫んでも声がかれることがないのは、
彼の内的調和が充足しているからである。

この内的調和を得ることが恒常なあり方ということだ。
これを知れば内的知恵を得ることになる。
しかし、生命に何かをつけ加えようとすると災禍になる。
欲が加わると、心は不自然になる。
ものごとが盛んになると、それらは衰えていく。
これは「道」からそれることである。
そうすると、すぐに生を終えてしまう。

無垢な子どもの心のなかは調和しており、周りの環境とも自然に調和している。しかし、このように深い調和をもった心に、人為的な細工や世俗的な欲が加わると、生命は終わってしまう、と言うのだ。

子どもの心の純真さと、その心のなかの内的調和について、映画『ウルトラマンシリーズ』や『帝都物語』などで知られる映画監督の實相寺昭雄は次のように言う。「僕は、ウルトラマンを撮った時に、子どものことはあまり意識していなかった。自分の好きなことをやれば、一番子どもに受けるんじゃないか、子どもの心の中に『何か変だな』っていう、〝しこり〟みたいなものが残ればいい、と思っていました。……たとえば、怪獣が出るなんていうところは、大人の感覚でいくと、絵の組み立てでおもしろいものができないんですね。説明的になりますから。なぜこの怪獣が出てきたのか、たとえば、それは放射能を浴びたからだ、と。ところが子どもなんかは、頭の中が汚れていないですから、たとえば、怪獣がいきなり出たということをどういう先鋭的な絵で表現しても、割と受けるんですね……子どもを相手にしているものは、割合と大胆な表現をしても平気じゃないでしょうかね」と言う。「頭の中が汚れていない」子どもと、「説明的」になる大人との対比が実に興味深く語られている。そして、「先鋭的な表現」や「大胆な表現」は、子どもの心とつながったところから出てくるという指摘は、大人による概念的、説明的な表現指導のもつ限界性を表している。

この監督自身も子どもの純粋な心をもち続けたことは、次の質問に対する回答によってもよくわかる。「『ウルトラマンシリーズ』で實相寺先生が監督された回は、独特な感じや質感があって、大人が見ておもしろいんですが、ああいう独特な感じというのは、もともと先生の頭の中にあるものなんですか？　それとも効果を考えて？」という質問に対し、「やっぱりもともとあるんでしょうね……説明的に考えると絵ってできないんですよ。自分の頭の中のもやもやがどんどん出てくる状態じゃないと説明的になってておもしろくなくなっちゃう。（映像が）生理としてでてこないとだめですね」と答えている（「實相寺昭雄先生講演会レポート」『図書館だより』第一〇号、東京藝術大学附属図書館、二〇〇四年四月）。この監督の認識と表現の仕方は、ものごとの概念を学び、整理し、それらを説明できるようにひたすら繰り返すこととは正反対の回路からきていることを示している。ものごとが概念化される以前の心のなかでの混沌とした状態、まさに生理的な次元での認識と表現が「もやもや」となって出てくるのである。この監督は、まさに詩人であり子どものもつ純真な心を保持していたのである。

それでは、このような「純真さ」や「生まれつきの本性」を保ったまま人間が発達し成長していくにはどのような方法があるだろうか。それを考えるうえで『荀子』「勧学篇」の冒頭の言葉がヒントになる。

君子曰、學不可以已。青取之於藍、而青於藍。冰水爲之、而寒於水。

君子曰く、「学は以て已む可からず」と。
青は、之を藍より取りて、藍より青く、
氷は、水之を為して、水より寒し。

君子は、学ぶことは途中でやめてはならない、と言う。そして、その根拠として、人間の本質をめぐる有名な青藍、氷水の喩えを出すのである。藍草から抽出した青はもとの藍草の青よりも青く、前よりも品質の高い染料になっている。同じように、水と氷はもともと同じものでありながら、寒冷の違いという点で前とは品質が異なる、と言うのだ。これは、藍草や水はもともと素朴なもので、抽出や寒冷の違いで、本質的に同じものが後天的にまったく違ったものになるという捉え方である。つまり、ものや人間の本質はもともと善でも悪でもない素朴なものであるが、後天的に善にも悪にもなっていくという見方なのだ。だから、人間は後天的な成長とともに学ぶことが必要であり、途中でやめるのではなく、それを続けなければならないと説かれることになる。

これは、人間はもともと性善的という決まった本性をもっているものではなく、善にもなり悪にもなりうる可塑性をもったものだという荀子独特の性悪説といわれるものである。だから、生まれてから後の努力次第で、君子にもなれるし小人にもなってしまうというユニークな考え方なのである。一方、西洋の性悪説は、原罪思想と結びついて、人間は教えなければ何をしでかすかわからないものであるという考え方が強い。そこから、人間を矯正するための教育という思想が形づくられてきた。それに対し、人間は性悪ではあっても可塑性をもっていて何にでも化性する可能性があるものだという荀子の人間観は、「生まれつきの本性」を保ったまま成長していく考え方として貴重なものである。

人間は、自ら成長していくうえで内面的に成熟していく力とともに、それと同じぐらい、自分の外側にある世界に対し適応させていく柔軟な力も必要となる。そのために、人間には、このような自分の内外に関わるものやことに対して、柔軟にしなやかに対応する力がもともとそなわっているのだ。だから、この力は失ってはならないものである。

第2章

急所を見て

一　無理はしない

他人のことを知る者は智のある人であり、
自己のことを知る者が目覚めた人である
『老子』第三三章

知人者智、自知者明。勝人者力、自勝者強。知足者富、強行者有志。不失其所者久、死而不亡者壽。

他人のことを知る者は智のある人であり、
自己のことを知る者が目覚めた人である。
他人にうち勝つ者は力があるが、
自己に打ち勝つ者の方が強い。
満足を知るものは富んでおり、
力を入れておこなう者は大志をもっていることになる。
自分の居場所を失わない者は長続きし、
死んでも亡びることのない者が永遠に生きるのである。

人間はついつい他人の動向に目が向いてしまう。そして、他人の目が気になる。そこから心身をわずらわせる悩みの原因がおこってくる。老子はそれを厳しく戒める。そこで、自己の内面世界に目を向け、その世界の重要性を指摘し、その価値に目覚めるように説いている。

ここでの一連の対句で、老子は、他人のことを知る「智」に対して自己のことを知る「明」、他人を負かす「力」に対して自己に打ち勝つという「強」、満足する「富」に対して勤めて行うという「志」、自分の居場所を失わない「久」に対して死んでも失わない「壽」というように、前者に対して後者の方に優れた価値を見いだしている。前者が人間の外的世界に向き合っているのに対し、後者は人間の内面世界に向かっているからだ。

人間は、この世を生きていくうえで、いろいろなものごとを知ることは重要である。また、他人のことを知るのも大切である。しかし、そのことによって、目が外のことや他人のことばかり気になると、自分のことがらがおろそかになる危険性がある。自分の内面世界と向き合っていないからだ。だが、自己を知ることは非常に難しい。昔から哲学者や宗教者たちが、悩み、苦しみ、格闘し、実践してきたことには理由がある。そこで、「目覚めた人」すなわち覚者と呼ばれた人々は、まず自己を知る「明」の世界に入ることに努めたのだ。

『荘子』「駢拇」第五章でも人間の内面世界の重要性を鋭く指摘している。

吾所謂臧者、非所謂仁義之謂也、任其性命之情而已矣。吾所謂聰者、非謂其聞彼也、自聞而已矣。吾所謂明者、非謂其見彼也、自見而已矣。夫不自見而見彼、不自得而得彼者、是得人之得、而不自得其得者也。適人之適、而不自適其適者也。

私のいう善とは、いわゆる仁義のことではない。

自分の内にある自然の性命にまかせることである。

私のいう耳聡いとは、外の音を聞き分けるという意味ではない。

自分の内なる声を聞くことである。

私のいう明とは、外の形を見分けるという意味ではない。

内なる自分を見つめることである。

いったい、内なる自分を見つめないで、外の形ばかり見たり、内なる自分を捉えないで、外のものだけを捉えようとする者は、他人の捉えたものを押しいただいて、自分が捉えるべきものを忘れた者である。

他人の楽しみに満足してしまい、自分の楽しみを味わえない者である。


荘子は、それぞれの人が自分の内にある自然――性――に従って生きることを求めている。それが人間本来の生き方なのだ。自分の内にそなわっている性や徳が無に同化する状態になって、まるで野の鳥のさえずりと同化するようなものだと言う。つまり、無心のままに自然と同化することである。そうすると、現実世界を支配しているいっさいの差別的知を失い、ちょうど「愚なるがごとく、昏なるがごとし」という愚人や無知の人のようなものだと言う。

日本でも、自分とは別の外の世界の方にもっぱら目を向かせ、自己を忘れさせてしまう教育が大勢を占めてきた。そのような学校教育のあり方を、老子や荘子と同じような視点から批判した人物に芦田恵之助がいる。彼は、国定教科書体制のもと、教師が一方的に題を与えて子どもに定型的な文章を書かせていた指導を批判し、子どもに自由に題を決めて書かせるという当時の教育としては大転換をおこなった人物として知られている。その考えの根拠にあったのは、「読み方は自己を読むものである。綴り方は自己を書くものである。聴き方は自己を聴くものであり、話し方は自己を語るものである」(『読み方教授』第二章、育英書院、一九一六年)という思想が貫かれていたことである。彼にとって、自由に自己を読み、自己を書き、自己を聴き、自己を話すことは、「己をむなしくする」ことで可能だと考えられていた。

芦田のこのような立場を、中内敏夫は、「ものやものごとの世界に『自己』を解消し、『自己を空しくする』ことによって『自己を解放する』機能を期待する」ものであったと解釈する(『中内敏夫著作集V』藤原書店、二〇〇〇年)。国定教科書などで教化や同化を求めることが強かった戦前の教育にあって、このような指導方法の転換は、自由な人間性を取り戻す教育にとって必要なプロセスだったと言えよう。そして、そのような指導ができる教師の一法として「ただただ修養を楽しむ」ことであると芦田はあげている。修養は「人間の本性にたち帰る」ものだからなのだと言う。

外的世界が引きおこす悩みの原因として、人間が智や力、作為を尊ぶところからくるものがある。その悩みを解決しようとして、どうしても無理をすることになる。だから、なかなか目覚めない。それを解決するには、先ず自分の本性に立ち戻り、自己の世界から出発することである。そして、自分の居場所を確保する。老子は、さらに自然に従って生きること、つまり「道」をつかむことを求める。そのような人こそが「永遠に生きる」のだと言う。自然には作為がなく、無理をしないからだ。荘子の言う愚人や無知の人の境地である。老子は第一六章で言う。

致虚極、守静篤。萬物竝作、吾以觀復。夫物芸芸、各復歸其根。
歸根日靜、是謂復命。復命日常、知常日明。不知常、妄作凶。
知常容、容乃公、公乃王、王乃天、天乃道、道乃久。沒身不殆。

心を空虚にして、

真に静寂を守る。
万物はどれも生成しているが、
私はそれらが復帰するのをみつめる。
そもそも、ものは絶え間なく動き、休まないが、
それぞれの根元にもどっていくのだ。
根元にもどっていくと静寂になる。
これは万物の命にもどることである。
命に帰ることとは恒常なあり方である。
それを知ることを開明と呼ぶ。
それを知らないで誤っておこなえば、災いにであう。
恒常なあり方はすべてを包みこみ、
すべてを包みこめば、自己はなくなる。
自己がないということは、すべてが満たされており、

すべてが満たされれば、天と同じである。
天と同じならば、「道」と一体である。
「道」に達すれば、永久に続く。
身体が死んでも、危ういことはない。

老子の重要なキーワードの一つに、「後戻り」や「もどる」という言葉がある。「根元にもどる」「命にもどる」と言う。「自己がない」「心を空虚に」することも、現実の存在から無の世界にもどることである。有すなわち現実の悩みから離れて無心になることである。ハイデガーも「音の出る言葉は音のないものへともどる。言うということは、静寂の鳴り響くところへ、言葉が授けられたところへもどる」と、存在の根源にもどることだと言う。そこでは、すべてが包まれ、すべてが満たされるからだ。荘子も「天道」第二章で言う。

夫虚靜恬淡、寂漠无爲者、天地之平、而道德之至。

およそ無心になって静かに欲望をなくし、
静まりかえって無為のままであることが、
天地を平和にし、
自然のままの道徳のいきつくところとなる。

虚則靜、靜則動、動則得矣。靜則无爲、无爲也則任事者責矣。无爲則兪兪、兪兪者憂患不能處、年壽長矣。

無心であればその心は静かであり、
静かであれば人々に動きがあり、

動きがあれば得るものがある。
静かになれば無為であり、
無為であれば事にあたってその責めをはたすことができる。
無為であればつねに楽しくなり、
つねに楽しいから憂い患うこともなく、
長寿を保つこともできる。

人は静寂、静穏、静けさの状態になると、そこには落ち着きや精神の安定した姿がみられる。仏教では「空」とか「真如」とかいわれる境地である。現実世界のあれかこれかという二元的対立の悩みから解放された究極の解放状態。

昔から、自己と他者、心と身体、主体と客体などといった相対的二元論のジレンマを克服しようとする道は、自覚した人々によって試みられてきた。「目覚めた人」、覚者と呼ばれる人々である。彼らは、自己を自然の世界に投入して、それと一体化して悩みを解決するような神秘主義者ではない。現実の知という限定されたリアリティの世界の限界を、いかに克服すべきかで悩んだ人々である。

知の世界で捉えられるものと、自己が関わりをもつ「明」という世界で得られるものとは違うのだ。後者のように自己を知るということは、死んでも失っていないものが永遠に生きている状態のことである。自分の外にある世界にばかりに目を向けさせている現代社会。特に、その教育は、ひたすら自己に背き、自己から遠ざけ、自己を知らしめないようにする形でおこなわれているものだと言えよう。

二　心がくつろぐ

賢者の治は人々の心を虚しくさせ、腹をしっかり固めさせせ、志を弱めてやり、身体を強くさせて人々を導く

『老子』第三章

不尚賢、使民不爭。不貴難得之貨、使民不爲盜。不見可欲、使心不亂。
是以聖人之治、虛其心、實其腹。弱其志、強其骨。常使民無知無欲、
使夫知者不敢爲也。爲無爲、則無不治。

為政者が賢い者を尊重しなければ、
人は争わないだろう。
貴重なものに価値をおくことをやめれば、
人は盗みをすることはないだろう。
欲望を刺激するものがなければ、
人の心は混乱しないだろう。
だから、賢者の治は人々の心を虚しくさせ、
腹をしっかり固めさせ、
志を弱めてやり、

身体を強くさせて人々を導く。
彼は人々を無知無欲の状態にする。
これは、賢い者にはあえて行動させないということである。
このような無為によって、治まらないわけではない。

資本主義社会では、他人よりももっと上へ、今よりもさらに利益をというように、人間の欲望と競争を煽っている。人間は弱いものであるから、一度、この罠にはまると無限の奈落に落ちて、地獄の釜を見ることになる。だが、困ったことに、そのお先棒を担いでいるのが今の学校教育なのだ。子どもたちは競争させられ、その心は混乱し、不法の利益を追求する欲望をもった経済界の予備軍に駆り立てられていく。政治の世界でも、指導者たちは、「賢い」官僚を身のまわりに配置し、彼らの巧妙な指図によって人心を掌握している。このように、政界、財界ともに、「賢い者」たちが勝ち残り、尊重されるがために、人々の競争は終わることがないのだ。

　指導者こそ人々の心をくつろがせ腹を固めなければならない。私の経験でも、今まで指導をうけてきた先生方のなかで、良き指導者として共通しているのは、相手の心をくつろがせるのが上手な人たちである。演出家の如月小春は、大田堯らとの鼎談で、指導というものに関して次のように言っている。学校の先生たちと演劇をするとき、彼らがしばしば「ご指導ください」という言葉を発する態度に対し、如月は「私は指導はできません。声の出し方ぐらいは教えられるけれども。また、私には皆さんの中にある表現衝動が、よく見えるのでその出口の蛇口をひねることくらいはできますが、と公言することでとても気が楽になるんですね。教育にかかわると指導し、教えなくてはならないと背負ってしまう、ああ、先生たちはこのことに苦しんでいるのだな、先生たちも子どもたちに『何も教えられないよ』と私のように言えたら楽だろうな、と思います」と語っている（『大田堯自撰集成4』藤原書店、二〇一四年)。如月は「演出というのは見えないイメージや感情を目に見える形に引っ張り出すということで、それは指導ではない」と言う。上から指示し導いたりするのではなく、相手のもっているありのままの本性をとらえて引き出すことが大事なのだ。それを受けて、大田堯は「教育熱心な先生ほど、子どもを抑圧しているところがあって、むしろずっこけた、少し規格はずれの人のほうが子どもの心とひびき合えるのですね」と応じている。教師自身がくつろぎ、心が解放されていなければならないのだ。

良き指導者は、他人と比較したり、要求水準を高く設定したり、一方的に押しつけたりすることはない。だから、相手の方も、先生の前で、良く見せようと思ったり、無理をして不相応な自分を示そうとすることもない。競争や比較、欲望、強制は、相手を緊張させ、萎縮させ、心を閉ざさせてしまうことになる。だから、野心や欲望をともなった学習、競争による学習は、本来の学習ではないのだ。

本来の学習に戻るには、志を弱めてやることが必要である。志は欲望と競争に結びつく。知識を求め、説明を求めようとすると、邪心が入ってくる。それがそのままにあるという、ものごとを差別しない知識ではないからだ。優れた指導者は、相手の緊張を解きほぐし、ありのままの自分がいる状態にさせ、ありのままの知識を学ぶ喜びの状態にさせてくれるのだ。

「無知無欲の状態」とは、何も知らない、何も学ぼうとしないということではない。それは、心に雑念のない直接的経験によって、ものごとが自ずから立ち現れてくるものを学ぶことである。そうであるようにあるという知識を学ぶのである。だから、一般の人々が学ばないものを学んでいることになるのだ。

優れた指導者は、このような状態にするのがうまい人たちである。言葉で説明するのではなく、態度でそのような場をつくってくれるのだ。言葉というものは、必然的に概念的、説明的、教化的、教訓的になってしまうものだが、優れた指導者の言葉は不思議と相手に通ずる力をもっている。言葉は「口に咲く花」と言われる。しかし、その花が美しい花になるか、人為的な造花となるかは、その口から気が流れているかどうかにかかっている。気が流れているとは、語る人の心が誠の状態になっているときである。誠とは、その字が示すように、言が成るということで、心と語りとが一体になっているのだ。つまり、ありのままの自分が立ち現れた状態のことである。優れた指導者はこのような言葉を発しているのだ。

老子は、「言葉によらない教えをする」、「言葉のない教えの価値」というように、しばしば「不言之教」について言っている。老子も含めて東洋の哲人たちには言葉に対する不信感が強い。彼の場合も、言葉ではなく、心が発せられるかどうかである。言葉になる以前の音そのもの、声そのものの。音のないものが集まった響き。静かさのなかに響くハーモニー。もののそのものが立ち現れてくる「静寂の鳴り響き」のことである。「言葉のない言葉」はあらゆるものを動かす。「言葉によらない教え」とは、ものそのものに気をつけさせ、ものそのものがあるようにさせ、それらと私たちとがたがいに考えるように呼びかけることである。無欲と無為から発せられる言葉とはこのようなものなのである。

心をくつろがせるには、言葉だけでなく、あらゆる感覚から自由になることも求められる。感覚は刺激に敏感であり、心を惑わせる。『荘子』の渾沌の例のように、感覚器官にだけ頼ることは危険なのだ。

老子は第一二章で言う。

五色令人目盲、五音令人耳聾、五味令人口爽。馳騁田獵、令人心發狂。難得之貨、令人行妨。
是以聖人爲腹、不爲目。故去彼取此。

きらびやかな色は人の目をまどわせ、
美しい音は人の耳をだめにし、
おいしい味は人の口をそこなう。
馬を走らせ狩猟で競えば、人の心は狂暴になる。
めずらしい財宝はその持主の行ないを妨害する。
だから、賢者は腹に集中し、感覚の誘惑を追求しない。
このように、彼は多欲な外部の力を捨て、無欲な内部の力をとるのである。

私たちの感覚は、色や音など外見からくるものによって影響される。外見が発する誘惑は魅力的であり強力なものだからである。しかし、外面的な色や音にまどわされるのではなく、音そのもの、色そのものを感じることが必要なのだ。自分の目だけに頼って見ようとしないこと。自分の耳だけで聞こうとしないこと。外見によって判断したり、行動したりしないことである。感覚器官は本当に知ろうとすることを制限し、身体は本当に楽しく喜ぶことを制限する。外面的感覚的なものは、ものの相対的客観的な状態を捉えることだけに限られ、ものの本質的なところを把握していないのだ。

だから、指導者になるためには、感覚の誘惑から自由になり、感覚のないところに集中させることが求められる。「腹に集中」させるのである。外面的な諸感覚からの解放状態。欲望との拒絶。無感覚の感覚状態。こうして、「内部の力」によって、心は純粋となるのだ。心のなかに誘惑や欲望が混ざると、心のバランスは崩れる。優れた指導者は、自らこのことを知っているので、相手の心をくつろがせることができるのだ。

三　教えないように教え

指導者が充分に誠実さを示さないと、
人々の信頼は得られない

『老子』第一七章

太上下知有之。其次親而譽之。其次畏之。其次侮之。
信不足焉、有不信焉。
悠兮、其貴言。功成事遂、百姓皆謂我自然。

最上の指導者はその存在が知られているにすぎない。
その次の指導者は人々に親近感があり、ほめたたえられる。
その次の者は人々に畏れられる。
最下等の指導者は人々に軽蔑される。
指導者が充分に誠実さを示さないと、人々の信頼は得られない。
気をつけて、言葉の価値を高めよ。
なにかの仕事がなしとげられたとき、
それは自ずからそうなったのだと人々は言うだろう。

指導者の役割について問われることが多い。やれリーダーシップだ、やれ統率力だと。自分の会社の上司にどのような有名人がふさわしいかなどという企画もある。どうも指導というものは力やカリスマ性の側面から評価されがちだ。指導力や統率力などである。しかし、力は権力や強制、支配と結びつく。畏れられ、軽蔑される指導者はその最たるものだ。老子が言うように、良き指導者の条件は「誠実さ」と「言葉の価値」に関係しているものと思われる。

指導者のなかでも、特に学校の教師は、相手が子どもであるので、その影響力は大きい。日本の国語教育を小学校教師として教育現場から指導した芦田恵之助は、一九三八年に教師のタイプを次のような三人に分けて評価している（『教式と教壇　綴り方教授』明治図書、一九七三年）。一人目は「説いて知らせようとする師」、二人目は「工夫を絶した場合には、師が感じた径路を語って、独り楽しむが如くに振舞ふ師」、三人目は「響きを生ずべき急所をうって、響きを児童から聞かうとする師」である。

最初の教師について、「最も拙劣です。時には響きを求むる心を枯らすおそれがあります。説けば分るといふ考は、児童の伸びる力を無視した傾があります。往々にして児童が自分で求めて楽しむといふことを無視することになります。説いて気の済む先生は、弟子としては迷惑至極な場合がありませす。それが独断であっても、問答であっても、注入に終る場合が多いのです」とコメントしている。気をつけなければならない。ついつい相手の心を無視して、ひたすら言葉で説き伏せ、注入し、教化してしまう。教える根性が抜けきれず、上からの力が発揮され、響きあう場がつくれないのだ。

二人目の教師は、「工夫を絶した場合で、この他に道の見出せない時ですが、どうにもならぬ方法であるだけ、真実味がゆたかです。随って効果も多いやうに思ひます。しかし、その効果は、師が真剣に行じたために生ずるものですから、行じない師がこの方法をとれば、前者の説く拙劣の師よりも、更に拙劣であることは言ふまでもありません」と言う。教師は授業についての研究や教材研究をおこなうが、授業というものは、一人ひとりの教師によって、一人ひとりの子どもたちによって、また、その場の雰囲気によって違うものである。それを考慮しないで、一人の先生がおこなった授業方法を真似して、一般化しておこなおうとすることの危険性を指摘しているのだ。

最後の教師について、芦田は「最上乗のものです。響を生ずべき重要点に力を加へて、それから生ずる心の流れに、響を生ぜしめようといふのです。さうして、その響を児童から聞いて満足しようといふのです。児童からいへば、導かれたのは師であるが発見したのは自分です。そこに学習の喜を感じ、求むる心を生じ、学習の方法を悟るのです。要するに教育するといふことは、真剣に生活した跡にあらはれたる発見・発明に、師が印可証明を与へることではあるまいかと思ひます」と言う。心の響きにまで達しているかどうかなのだ。教師と子どもが響きあうのは、たがいの心に、気が流れているということである。子どもは生かされているのだ。

老子と芦田に共通しているところがある。優れた指導者というものは、力に頼るのではなく、相手の心を自由にしながら、その仕事が「自ずからそうなった」という境地にいる人々を評価しているところである。そして、相手に対する誠実さと、言葉に対する誠実さが不可欠であるということである。言葉の問題について、老子は最終章である第八一章で次のように言う。

信言不美、美言不信。善者不辯、辯者不善。知者不博、博者不知。
聖人不積。既以爲人、己愈有。既以與人、己愈多。
天之道、利而不害、聖人之道、爲而不爭。

言葉が真理をあらわしていると、その言葉は美しくなく、
言葉が美しいと、その言葉は真理をあらわしていない。
本当に立派な人は弁舌が巧みではなく、
弁舌の巧みな人は立派ではない。
本当の知者は博識ではなく、
博識の人は本当の知者ではない。
賢者は蓄めこむことをしない。
他人のために出し尽くしながら、得るものは多くなる。
他人のために分け与えながら、得るものはさらに多くなる。
天の「道」は恵みを与えるだけで、害を加えない。
賢者の「道」は何かを為すが、争うことはない。

美辞麗句をつらねる人たちがいる。巧言令色とはよく言ったものだ。その最たるものは政治家であろう。言葉は巧みであっても、空々しく、聞いている人々の心に響かないのだ。言葉に欲と邪心が乗り移っているからだ。それに対し、老子は「言葉の価値を高めよ」と言う。言葉を軽んずるな、言葉をおしむな、ということである。言葉に対する不信は強いが、言葉へのこだわりは強い。

言葉で伝えたつもりでも、真意が正確に伝わらず、誤解を生んで厭な気持ちになった経験があるだろう。言葉とは実に厄介なものである。哲学者のハイデガーの場合、自分の考えの本質を表すときに、言葉を削り削りしていって、最後に伝える方法は詩の形になっていった。思索は詩作であった。無駄な言葉はごまかしであり、真実を表さない。概念的、形式的言葉は事物の表面や外見を伝えるだけで、その本質を表さないからである。人類が最初に文章表現をした方法が韻文であったということは象徴的である。

事物そのものと事物を表す気持ちとが一体になっていたからだ。その間隙に、概念や文法、法則といった人為的な決まりは介入していなかったのである。

しかし、概念的思考や論理的思考が発達するとともに、表すための形式と表したい実体との分離がおこってきた。実体と違う名前をつけてごまかすことや、名前を捨てて実をとるという姑息なやり方も現れた。これが人類の「発達」してきた道のりであり、子どもから大人へと「発達」していくと称される道でもある。そのために、もう一度、表現の純粋性の回復を求めて、名前と実体の一致を説く名実論が昔から繰り返されてきたのである。名実ともにである。

言葉によって、事物や心が、そのものに「成って」表されているかどうか、文字通り言が成るという誠実であるかどうかである。誠の字源は「誓約を成就する」ことであり、「誠実とは祝詞や神饌に偽りのないこと」を示しているところからきている。つまり、言葉や行為に邪心が入ってはならないのだ。

芦田恵之助は授業における言葉の重要性についても、次のように指摘している。「私の経験では、間の抜けない程度に、言葉の緩やかなのがよいやうに思ひます。私は黙をも言葉の一種と考へたいのですが、黙の力を思ふ時、言葉の少ないといふことは、言葉の力を強める一つの工夫のやうに思ひます。教壇に於て、言葉の速度がはやくなり、押さへても押さへても言葉の数が多くなるやうな場合は、内に多少の乱れを生じてゐるしるしで、その勢いに乗って行けば、指導は多く失敗に終るものです」と言う。反省しなければならない。相手に対して、ついつい言葉の数や言葉の速さで接してしまうことがある。内容が整理されておらず、心が乱れているときである。芦田は黙や黙の力も評価する。日本文化における「間《ま》」や「沈黙」のもつ意義と同じである。

この黙や黙の力という捉え方は、老子の「自ずからそうなった」という思想に通ずるものである。言葉や人為的行為によらない「無為自然」の教育だからである。それを「教えないように教え」ると言い換えてもよいだろう。この言葉の使い方は言語矛盾をおこしているようにみえるが、最初の「教えない」と後の「教え」との間には大きな質的転換がおきているのだ。つまり、言葉や人為的行為では教えないが、「無為自然」に教えているのである。だから、「教えない」と「教え」るとの間にある「ように」のところで、大事な教育的作用が含まれているのだ。黙や「間《ま》」のもつ力である。

言葉や教えるという人為的行為によらない教育の一例として、背中を見て育つ、背中で教えるという言い方がある。背中には、肩を怒らせた背中、肩を落とした背中、自信満々の背中、疲れた背中、寂しい背中など、背中の表情は、その人の仕事の姿や生き様、人生そのものを表している。同じように、顔にもその人の人生が刻み込まれていると言われる。だが、顔には目と口があり、それらの表情を通してコミュニケーションがはかられている。相手の目を見たり、話を合わせたりして発言し、意思表示をしている。だから、顔は意識の世界の舞台なのである。

それに対して、背中には目や口のような感覚器官はついていない。サッカーの中田英寿選手は自分の背中に目がついていると語ったようであるが、これも背後からくるボールの筋を勘で判断する比喩として使ったものである。だから、背中は、背中そのものだけでその人の仕事の姿を見せている。見る方も、ちらっと正面から見るようなものではなく、背後からじっとその姿を見つめているのだ。そして、その人の背中から想像される人生の表情を読みとろうとするのだ。背中は、顔のように感覚器官や意識の世界で表情を示すものではなく、想像の世界で語っているのだ。

しかし、背中を意識的に利用して指導の方法として使われることもある。

背中を向ける、背中同士といった態度で、自分の意思表示をする場合などである。また、背中を押すというように、面と向かって指導するのではなく、柔らかく相手を励まし促すときにも用いられる。しかし、どちらかと言うと、背中には無意識的に影響する側面の方が強い。黙の力がはたらいているのだ。目と口を通して相手に直接的に教えるようなものではなく、背中の表情から、知らず知らずのうちに、その人の仕事ぶりと人間性に感化され影響されたりするような形をとるからである。これは、意識的に教えたり学んだりするようなやり方ではなく、「教えないように教え」るという形で無意識的に人間が育っていく教育世界なのだ。

「そりのあるかたち」シリーズや東京スカイツリーのデザイン監修で知られる彫刻家の澄川喜一は、次のような興味深い話を書いている。「昭和四十二年、講師として藝大に奉職した時、『藝大に務めたら、いい先生になろうなどと思うなよ、彫刻家としての姿勢をもち続けろ。学生はその生き様をよく見ているぞ』、と先輩の教授から云われた。藝大にはコーチ専門の人はいらない、活躍中の現役のアーチストが必要であることと、同時に藝術家としてめしを食う厳しさを学生に見せることなのだろう。藝大では、仕事をして見せることが、百の教義より遙かに優ることなのである。真の藝術家は、真の教育者と云われる所以である」（『東京藝術大学教官アーカイヴ紹介展』東京藝術大学附属図書館、二〇〇二年一一月）。大学という限られた場所でのことであるが、教える者も、自ら学びながら仕事をしている姿勢が大事なのだということを示している。たんに直接的に教える行為ではなく、試行錯誤しながら制作し、創作活動に励んでいる黙の姿勢とその背中が、学生に影響を与えているということなのだ。

第3章

学びほぐす

一　しなやかな心

柔らかくてしなやかなものは上位にある

『老子』第七六章

人之生也柔弱、其死也堅強。萬物草木之生也柔脆、其死也枯槁。
故堅強者死之徒、柔弱者生之徒。
是以兵強則不勝、木強則共。強大處下、柔弱處上。

人が生きているときは、
柔らかくてしなやかである。
死ぬときには、
堅くてこわばっている。
草木が生きているときは、
柔らかく、みずみずしい。
死ぬときには、
枯れてかさかさになる。
それ故に、堅くてこわばっているものは死に近く、柔らかくてしなやかなものは生に近い。
このように、軍隊は堅ければ戦いに勝てず、
木がかたく乾けば、それは砕ける。
強くて大きいものは下位にあり、
柔らかくてしなやかなものは上位にある。

人間が生きているということは、息が出入りしているということである。人間だけでなくあらゆる動植物は、息をするという機能で生き生きと生命を維持している。だから、死に近づくということは、この生き生きさがなくなっていくことなのだ。後期高齢者近くになると、朝の起床時に膝をはじめ身体の関節が硬くなっていることに驚かされる。しかし、これはまだましな方なのだろう。人生最後の日には筋肉や関節すべてが硬直しているのだろう。身体だけの問題でなく、頭や心にもあてはまる。若いときから

頭が固くなっている人にはしばしば往生させられるものである。

現実の社会や教育の硬直した状況などをみると、どうもあらゆるものが死に向かっているように思われる。未来を見通せない息苦しい社会、競争によって息切れしてしまっている社会と教育界、機械のように暗記し息もつかせず答えを求める教育の姿など、息が上がって頭を固くする教育がひたすら繰り返されているのだ。硬直した「死の学び」と呼んでもよいものである。

老子は、「人が生きているときは、柔らかくてしなやかである」(「人之生也柔弱」)と言う。柔も弱も、もともとは柳のようにしなやかに曲がることを意味している。柔軟なのだ。ところが、現実には、柔弱とは「やさしくてよわよわしいこと」「気力も体力も弱いこと」と捉えられている。柔軟のように肯定的な意味もあるが、軟弱となると、意志が弱くてしっかりしていないものとして否定的に捉えられる。最近は柔も弱も軟もあまり歓迎されていないようだ。それに対し、今や強硬な意見や行動をとる硬派の方が勇ましい。政治の世界や新聞、雑誌の記事、男女間の交際などなど。どうもナンパする男が現れるようになってから、軟派の旗色はますます悪くなっているようだ。柔も弱も、柳のようにしなやかで、赤子の手のようにやわらかく、価値あることを表しているにもかかわらず。

中国の兵書に「柔能く剛を制す」という言葉がある。老子の思想である。柔道ももともとはこの思想につながるものであろう。しかし、今日の柔道は、腕力、剛力で相手をねじ伏せるスポーツになってしまっている。柔のもつしなやかさが消え去っているのだ。ところで、私が体と心を柔らかくしなければならないと感じた一例として、歯科医にかかったときの体験がある。歯の治療の間、どうしても我慢して身体を硬くしてしまう。そして余分に疲れてしまっていた。しかし、あるとき、柳の枝が風に吹かれるような気分で、体と心を医者の動きにまかせてリラックスさせてみたところ、疲れも少なくなっていることに気がついたことがある。我慢し硬くし相手に逆らうのは、心身を疲れさせてしまうのだ。ふだんから心と体をしなやかに保っておくことの重要性を感じたものである。

老子は、しなやかさの代表例として水を挙げている。第七八章で言う。

天下莫柔弱於水、而攻堅強者莫之能勝、其無以易之。弱之勝強、柔之勝剛、天下莫不知、莫能行。是以聖人云、受國之垢、是謂社稷主。受國之不祥、是謂天下王。正言若反。

この世の中で水より柔らかくしなやかなものはない。また、堅くて強いものを攻めるにはそれに勝るものはない。そのような性質は変えられないものである。

「弱いものが強いものに勝ち、柔らかいものが剛いものに勝つ。」
世の中のすべての人はこれを知っているが、
それを行えるものはいない。
だから、賢者はいう。
「国全体の汚濁を引き受ける者を、
国家の指導者という。
国全体の災厄を引き受ける者を、
天下の王という。」
正しい言葉は反対にきこえるものである。

昔の人は、水流によって、大きな岩が削られたり、堤防や家が流されていく光景を見て、水の力の偉大さを感じたものと思われる。そして、どのようなところにも柔軟に対応し、隅々にまで行き渡り、必ず下方に流れていく水の性質についても驚いたに違いない。今日でも、梅雨どきの水害や地震のときの津波の恐ろしさは身近なものである。このような水のもつ計り知れない性質に老子は気づいた。水には逆らえない、まさに「人生は川の流れのように」流れていくものなのだ。老子の思想は水をイメージした哲学と呼んでもよいぐらいなのだ。

しなやかであるということは、どのような事態に直面しても柔軟に繰り返し対応できるということである。一つの方法にこだわることや、決った方法によってものごとに対処しようとするものではない。あらゆる場面やあらゆる側面に対し繰り返し対応できるには、硬直した方法では無理である。臨機応変に対処する態度が必要なのだ。しなやかでないと不可能なことなのだ。

真、善、美を探究する場合にも、真っ白な心でしなやかに繰り返す態度が欠かせない。探究の探の字は、穴のなかに火をかざし、照らして手で探るという意味である。究の字も、穴のなかで身体を究曲させて探索しつくすことである。まだ見ぬ暗い穴の世界に潜んでいる真、善、美を探究するには、身体も心もしなやかにして、繰り返し試してみる作業が必要であることを表している。英語でも、研究や探索を意味するresearchは、何回も繰り返すというreと、探すというsearchが合わさったものである。実験、調査、研究、思索、制作には、気が遠くなるほどの究める努力が必要になる。それには、つねに、しなやかな態度でもって臨まなければ続かないものである。

しなやかさや柔弱さを説く老子の思想は、弱者の哲学といわれることがある。しかし、未だ不可知な真、善、美というものを前にして、へりくだり、謙虚な姿勢で臨むことは、人生を生き生きとさせてくれるものであり、決して弱いものではないのだ。

二　もう一度わからなくなる

学問をするとき、日ごとに知識を蓄積していくが、「道」をおこなうとき、日ごとに欲望を減らしていく

『老子』第四八章

爲學日益、爲道日損。損之又損、以至於無爲。無爲而無不爲。
取天下常以無事。及其有事、不足以取天下。

学問をするとき、
日ごとに知識を蓄積していくが、
「道」をおこなうとき、
日ごとに欲望を減らしていく。
減らしたうえにまた減らすことによって、
何も為さないところにゆきつく。
何事も為さないでいて、
しかも、すべてのことが為されるのだ。
だから、事無きによって、
しばしば天下を勝ち取る。

何か事を有するようでは、天下は勝ち取れないのだ。

私たちは、ものごとを学ぶというと、いろいろな事物についてなるべく多くのものを学び蓄積することだと考える。博覧強記と呼ばれる人や、教養人と言われる人たちが評価されるのもこのような観点からである。暗記力がよいのだろう。羨ましく思うときがある。そのような人の姿がモデルとなって、ひたすら知識を増やし暗記に励むという学習スタイルが評価されることになる。

しかし、このような学習は、教養人になるため、学校の試験のため、入試合格のため、検定試験のためというように、自分から学びたくて学ぶというものではない。自分の興味から自発的に学習するのではなく、自分の外側に設定された人為的目的を達成させたいという欲望のために学習するものなのだ。自発的に対し「他発的」学習と呼んでもよい学習観である。

特に、東洋では、科挙の試験に合格するための学習スタイルが長く影響してきた。だが、このような学習観では、ものごとの課題を解決したり、学んだことを応用したりするようなことには向いていない。「学力の剥落」と呼ばれるように、真に身についた学力となっていないのだ。

「他発的」学習をめぐる問題について、「もともと学校と私とは相性がわるい」と言う鶴見俊輔の次の指摘は興味深い。彼がニューヨークの日本図書館で働いていたときに訪ねてきたヘレン・ケラーの言葉を次のように紹介している。彼女はラドクリフ女子大学に通ったにもかかわらず、「そこでたくさんのことを『まなんだ』が、それからあとたくさん『まなびほぐさ』なければならなかった、と言った」というのである。その言葉を受けて、鶴見は「たくさんのことをまなび（learn）、たくさんのことをまなびほぐす（unlearn）。それは型どおりのスウェーターをまず編み、次に、もう一度もとの毛糸にもどしてから、自分の体型の必要にあわせて編みなおすという状態を呼びさました。ヘレン・ケラーのように盲聾唖でなくとも、この問題は、学校にかよったものにとって、あてはまる」と述べている（鶴見俊輔『教育再定義への試み』岩波書店、二〇一〇年）。いくら外側から多くのことを学んでも、それが自分の必要とするものでなければ、もう一度「まなびほぐす」必要がでてくるということであろう。同じように、アルバート・アインシュタインも、ギリシャ語、ラテン語などが科せられ画一的な軍事教練が強制される学校教育を嫌悪し、「教育とは、学校で習ったことをすべて忘れた後に、残っているところのものである」（アルバート・アインシュタイン『晩年に想う』日本評論社、一九五〇年）と皮肉を込めた逆説的な言葉を残している。これは名言だ。

これら二人の言葉に含まれている意味は、自分の興味や関心から離れた「他発的」で人為的な教育をいくらおこなっても、学ぶ側にとっては、結局はもう一度、自分の内発的視点から学びなおさなければならないということを示している。

少しニュアンスは異なるが、戦前の日本において教科書を使って画一的な内容を強要してきた公教育に対し、民間の生活綴り方教師たちが、子どもたちの生活現実を前にして、生活実感が生かされた自分の表現をいかにして促すかというとき、まず「概念くだき」という方法をとった実践にもつながるところがある。概念や観念に縛られた頭を、もう一度、真っさらにして、そこから表現を始めるのである。あるいは、自分は何も知らないということを知らしめるソクラテスの問答法も、ゼロ地点に戻って出発させる教育方法である。

また、美術大学受験のために予備校で徹底的に表現技術の基礎を習得させられた学生に対し、大学に入学後、それまで習得した技術をいかにして自分で砕かせ、自分の表現スタイルを見つけさせるかという教育にも通ずるものがある。これらの試みは、外側から身につけさせられた人為的な既成の概念や技術に対し、自分の興味や実感をもとに、それらを一度ぶち壊すことによって、さらに新たな自分の表現や認識を自らの手で身につけていく方法である。知識や技術を蓄積するだけでは、ものごとが成し遂げられるわけではないのだ。それに対し、老子の「道」は、減らして、減らして、また減らして、自分が何もしないところに、いったん後戻りさせることによって、ものごとが成し遂げられるというのだ。

老子は第一九章で「自発的でない学習を捨てよ、そうすれば、思いわずらうことはなくなるだろう。」(「絶學無憂」)と言う。頭を使って、ものごとをひたすら分析し、区別し、知識だけを蓄えたりするような学習をしてはならないというのだ。老子のこの文章は、第二〇章の冒頭においているのが最近の傾向であるが、ここでは張鍾元の研究に従って、次の言葉の後に出てくるものとして捉えよう。賢く巧妙に識別することを絶ち、いろいろなことを幅広く知っていることを捨てよ。あわれみから他人に同情し、慈善をおこない、根拠もなくつくられた道徳に従うことを考え直せ。口先のうまい教えや儲けようとするおこないを止めよ。これらは、心や本質的なところから出てきたものではなく、人間が世の中を治めるために考えついた方法にすぎないものなのである。人間の本性や純真さにこだわり、「自己本位の自己を取りのぞき、強欲を捨て」、そして、その後に「自発的でない学習を捨てよ」と続いてくる。

一般に、「学習を捨てる」「学を絶つ」と言うと、無知になってしまうと考えられてしまう。はたしてそうだろうか。学にも二種類の学があると考えられる。批判される学と求められる学である。老子が「捨てる」「絶つ」ことを念頭に置いている学とは、張鍾元の英訳では、"Eliminate artificial learning and one will be free from anxieties" というように artificial learning のことである。つまり、自発的に学ぶのではなく、人が上から押しつけてくる、不自然で、わざとらしい見せかけの学習のことである。そのような学習を除去せよ、そうすれば学習をめぐる不安（anxieties）から自由になるだろう、思いわずらうこともなくなるだろう、と言うのだ。ここでの賢く巧妙に識別することを絶ち、いろいろなことを幅広く知っていることを捨てよと批判される「絶聖棄智」の学とは、孔子などの儒家たちが説く仁義道徳の学のことである。「絶聖」の聖とは、その字のなかに耳と口が入っているように、耳と口で祈りごとを収め、耳をすませて神の啓示するところを聞くという意味から由来しているものである。老子は、このような外側からくる聖なる啓示のようなものを絶ち、人がつくった智を棄てよ、と言うのだ。聖智は「国家統治の人為的な制度規範を定める聖人賢者の知恵」と解釈されるように、人の守るべき規範として外面的に定められたものなのである。このような外側から発せられる神の啓示の声を聞き、それによって政治をおこなう人たちの慣行となっていた知と学に対して老子の批判が発せられたのだ。

このような学に対し、老子は、知識や思考、欲望を減らし、ゼロ・ポイントにまで後戻りすることを求める。第四〇章で言う。

反者道之動、弱者道之用。
天下萬物生於有、有生於無。

後戻りするのが「道」の動き方である。
柔軟なのが「道」のはたらきである。
世の中のあらゆるものは有から生まれる。
有は無から生まれる。

試験に合格するため、立身出世のため、教養を身につけるためといった打算的思考を減少させ、各自の心のなかに入って黙想的思考に後戻りさせせると言うのだ。私は、子どもの頃から、「一文不知の愚鈍の身になして」「智者のふるまひをせずして」（『一枚起請文』）という法然の言葉を唱えながら育った。実のところ何も分からなかった。しかし、老子を読んでストンと心に落ちた。絶ち、棄て、後戻りして、「愚鈍の身」になって、そこから思想以前の思考の源にもどることに気づかされたのである。無にもどること。この無や根源にもどることによって、初めて実在を知ることになるのだ。開明というものである。

たわみやすく、しなやかになることで、この境地に近づき、心身がはたらくことになる。「心をくつろがせ」「志を弱め」「欲望を減らし」て、無知無欲の状態にもどる。愚鈍の身になるのだ。そして、そこでの直接的経験から、「それがそのままにある」という識別や差別のない知識や思考を得ることになる。鶴見の「まなびほぐし」、アインシュタインの「忘れ」なども、このような回路を通っているのだ。

三　明るさが和らぐ

知恵によるもつれを解きほぐし、
知恵の明るさを和らげ、
そして、大地と一つになる

『老子』第五六章

知者不言、言者不知。
塞其兌、閉其門、挫其鋭、解其分、和其光、同其塵、是謂玄同。
故不可得而親、不可得而疎。不可得而利、不可得而害。不可得而貴、
不可得而賤。故爲天下貴。

本当に知っている者は、言わない。
もの言う者は、本当に知っていない。
感覚の穴を塞ぎ、
欲望の門を閉ざし、
知恵の鋭さをにぶらせ、
知恵によるもつれを解きほぐし、
知恵の明るさを和らげ、
そして、大地と一つになる。

これは「道」と同一になることといわれる。

故に、それに親しむこともできず、また、疎んずることもできない。それに利益を与えることもできず、また、害を及ぼすこともできない。貴ぶこともできず、また、賎しむこともできない。

だから、世の中で貴い存在となるのだ。


「本当に知っている者は、言わない」という言葉が誤解されて、昔から、日本では、「沈黙は金」とか「男はあまりしゃべらないほうがよい」と捉えられてきた。しかし、この言葉はこのように表面的に解釈されるものではなく、言うこと、しゃべることのもつ意味を根本から問うているのだ。

井筒俊彦によると、東洋の思想家たちには言語に対する根深い不信感があるという。彼らは、言語が実在を正確に指示しているかという点に不信をもち、言語否定をおこないながら、執拗にこの問題に関心を示してきたのである。私たちは、日常生活において、実在するものや言い表したいことを、主として言語で表現する。そして、実在するものや実在しないことも含めて、ものやことには名前がつけられているので、その名前を使い、定義、概念、文法を使って表すことになる。しかし、本当に言い表したいことの真意が相手に伝わっているかどうか心配になることがある。言語は人間がつくった手段にすぎないからだ。老子はこのことを問題にする。

ものには名前がつけられているから、その名前を知れば、私たちはいかにもものを知った気になる。しかし、ものに名前をつけるということは、そのものと他のものとを区別し差別することになり、恣意的にものを見ることになる。これではものの本質を見たり、真意を捉えたりしていることにはならない。そこで、老子は、名前がつけられる以前の状態、すなわち、名前がつけられたものと名前がついていなかったものとが同一であった状態にもどれ、と言う。

それは言葉だけでの問題ではない。荘子の渾沌の喩えのように、耳や口などの「感覚の穴を塞ぎ」、すべてを鋭く区別してとらえることをやめ、そして、鋭くとらえるがためにおこる「知恵によるもつれを解きほぐし」、内なる声に耳を澄ますことを求める。「明るさを和らげ」、「大地と一つになる」ことを。「道」と同一になることである。

言葉で言わず、外部からの感覚に誘惑されず、自分の鋭さをくじき、誇らしくしないということは、まさにハイデガーの「放下」の過程である。すべての執着を投げ捨てる「放下」によって、私たちは「道」と同一になることができるのだ。

私たちが、言語や定義、概念、文法に頼ると、ものやことのある一部をただ言葉に置き換えて再現するだけである。これでは、ハイデガーの言う「再現的思惟の態度」に陥る。打算的思考や感覚的感情もここからくる。いろいろしゃべる者は、このような態度、思考、感情によって、概念的言語、借り物の言葉、美辞麗句をただ連ねるだけで、「道」については何も知らないのだ。言葉の軽さがしばしば話題になる。特に、政治家にあっては顕著だ。言葉が操作的、打算的になっているからだ。

言語道を断つことは、まさに「放下」である。名前、概念、定義、文法などをすべて捨て去ったとき、そこに残るものは、ものそのものの詩的イメージだけである。そのとき、ものそのものが本来の姿で立ち現れ、再生したがっているのだ。そこには、人為的束縛や形式的きまりはない。一切の執着から解放された平和で静穏な世界が存在するのみだ。詩人のリルケは、『若き詩人への手紙』で、詩作に悩んでいた若き詩人の質問に対し、「人類の最初の人間のようになって言い表す努力をなさい」「心からの静かな謙虚な誠実さをもって描くようになさい」と答えた。言葉の暴力性を知り、そこから解放された者こそが「天下で最も尊い人」となるのだ。

しかし、このような指導者も、ここに至るまでのプロセスで、世俗のしがらみと対峙することになる。自分の知恵や才能が鋭すぎて、現実世界の決まりやそこで生活している人々の考えとは合わないことがおきる。このようなとき、優れた指導者は上から目線をとることはない。自分から「知恵によるもつれを解きほぐし」て、知恵の光を自分の内面に包んで和らげる態度をとるのだ。そして、世俗の塵である大地の人々のなかに溶け込み同一になることをめざす。このような姿勢によって、指導者は尊ばれ敬愛されることになる。「和光同塵」として、大学名や市の名前、会社の名前としても親しまれるものである。

「世の中で貴い存在」である賢人になかなかお目にかかれない。それは、大地にある世俗の塵と同化している人が少ないからである。自分の見栄や名誉、利益、欲にとらわれているからだ。また、知ったつもり、知ったかぶりをしている人も多いからだ。老子は第七一章で言う。

知不知上、不知知病。
夫唯病病、是以不病。聖人不病、以其病病、是以不病。

知ることのできないものを知るのが最上である。
そして、これを知らないのが欠点である。
欠点を欠点として知れば、これは欠点とはならない。
賢人には欠点がない。
彼は欠点を欠点として認める。
だから、彼は欠点がないのだ。

一般にものごとを知るということは、知らないものを知り、知識を蓄えることだと考えられる。しかし、老子は「知ることのできないものを知る」のが最上だと言う。つまり、知識で知るのはなく「道」を知ることがいちばん優れているというのだ。だから、知識を棄てることを求める。

賢人が知るというときの内容は、ものごとに執着しないことであり、あれかこれかという相対的なレベルでの知識に執着しないことを指す。しかし、ここまでに達するのは大変なことである。だが、賢人の偉いところは、ここに達しないという欠点を「欠点として認めている」ところにある。少しでも近づきたいものだ。あらゆるものを減らし棄てながら、静かで平和な瞬間を迎え、知るものが何もないことを知る。このとき、すべてのものが明らかに見えてくるようになる。これが「知ることのできないものを知る」ことなのだ。

膨大な知識を前にして絶望し、頭と感覚の鋭さもなく、光り輝く才能もない凡夫にとって、賢人はほど遠い存在ではあるが、明るさを和らげ、大地の塵にまみれて、あらゆるものを分け隔てなく接するように心がけよう。

第4章

心地よく

一　気の流れる関係

古い過去からの「道」をしっかりつかまえ、
現今のもろもろの事柄を制御する。
そのようにして、原始の始まりを知ることができる

『老子』第一四章

視之不見、名曰夷。聴之不聞、名曰希。搏之不得、名曰微。此三者不可致詰、故混而爲一。

其上不皦、其下不昧。縄縄不可名、復歸於無物。是謂無狀之狀、無物之象、是謂惚恍。迎之不見其首、随之不見其後。

執古之道、以御今之有。能知古始、是謂道紀。


しっかりと視ないと、何も見えない。

それは形のないものと呼ばれる。

しっかりと聴かないと、何も聞こえない。

それは音のないものと呼ばれる。

しっかりとつかまないと、何もつかめない。

それは実体のないものと呼ばれる。

これら三つをつきつめることはできず、

混ざりあって一つになっている。
上にあっても明るくなく、
下にあっても暗くない。
はてしなく広くて目に見えず、名づけようがなく、
それはまた無物にもどって行く。
これは形のない形と呼ばれ、
イメージの浮かばない形と呼ばれ、
これはぼんやりとしてつかまえにくいものである。
迎えに行ってもその頭は見えず、
従って行ってもその後ろ姿は見えない。
古い過去からの「道」をしっかりつかまえ、
現今のもろもろの事柄を制御する。
そのようにして、原始の始まりを知ることができる。

これが「道」の法則である。

学校という場所は、日常的な生活から距離をおいた非日常的な空間である。そのような空間で主として成り立っている関係は、教師、子ども、教材の間においてである。特に、子どもにとって教材のもつワクワク感や緊張感は大きい。今までにない新鮮な関係がつくりだされるからだ。教材が教室の雰囲気を一変させるのだ。教室に気が流れることである。

気は、日本語では、木や機と同じように非常に鋭い発音をする。鋭く、神々しく、勢いを想像させる音である。天と地の間の空に流れる気が、教材を持ち込むことによって変わるのだ。例えば、部屋に絵画や彫刻の作品を飾ると空気が変わることがある。それまでの日常的な環境が、非日常的な作品によって空気が澄んできれいになるのだ。作品と人間の間に気が流れていると言ってよいだろう。第二次世界大戦で犠牲になった若者たちの作品が展示されている長野県の無言館を訪れたとき、そこでのピンと張りつめた空気感は今もって忘れられない。気が流れているのだ。

教材として用いるものや教室で飾られるものはシンプルで本物がよい。人間に対し敏感に反応するからだ。気をとらえ、気の流れる関係ができあがるには、「道」をつかまえなければならない、と老子は言う。ただ見たり、ただ聞いたり、ただつかまえたりするような、バラバラの感覚による方法では「道」はとらえきれないのだ。目、耳、手というそれぞれ別々の感覚器官に頼るようでは、荘子の渾沌の二の舞になるだけである。これらが「混ざりあって一つになっている」ところに気が流れているのだ。それぞれの感覚はたがいにつながっているのだ。その一例として、衆生を済度する菩薩の一つである観世音を挙げることができる。一般に観音と呼ばれるものである。昔の人は音を聞くのではなく音を観ると捉えていたところが素晴らしい。同じように、作曲家の宮川彬良は「作曲家は曲を考えるのではなく、聞こえてくる音を写し取っている」と言う。そして、譜面をキャンパスに見立て「音符の空き加減とか密度とか、絵を描く感じで、かっこいい絵が仕上がったら必ずいい音が出る」と言う（『朝日新聞』二〇一四年六月五日、夕刊）。耳と手と目が結びついているのだ。ここにも気が流れていると言えよう。

「道」をつかむには、感覚器官どうしのつながりだけでなく、遠近、明暗、過去、現在、未来とのつながりもある。空間、時間を超えて「無物にもどって行く」。そこから、現に存在しているものを「制御」し、それぞれの関係性が結ばれることになる。「原始の始まり」とはそのようなものであったと思われる。「無」とも呼ばれ、関係性や創造性の原点となるものである。

西田幾多郎が「幾千年来我等の祖先を孕み来つた東洋文化の根柢には、形なきものの形を見、聲なきものの聲を聞くと云った様なものが潜んで居るのではなからうか」と『善の研究』で述べているのも、感覚や存在をまること捉え、気の流れる関係が東洋文化の根底にあることを示している。

また、作家の五木寛之も、ロンドン在住の気功家・望月勇との対話で、「日本人は気を感じることが遺伝的に敏感で、上手な国民だと思うんですが」と語り、それに対し、望月は「そういう面では、日本の風土が『気』を感じる感性を培ってきたように思えますね」と応じている（五木寛之『気の発見』平凡社、二〇〇四年）。気を感じ気の流れる関係をつくる風土や文化は、人を育てていくうえで大きな影響を及ぼすものである。

次に、関係性の構築につながる空間について考えてみよう。第一一章で老子は言う。


三十輻共一轂、當其無、有車之用。挺埴以爲器、當其無、有器之用。

鑿戸牖以爲室、當其無、有室之用。

故有之以爲利、無之以爲用。

三十本の輻《や》が車輪の中心へと共にする。
その何もないところから車としてのはたらきがある。
粘土をこねて容器ができる。
その何もないところから容器としてのはたらきがある。
ドアや窓を穿って部屋が作られる。
その何もないところから部屋としてのはたらきがある。
だから、形あるものが便利になるのは、
何もないものがはたらいているからだ。

学校や教室は立派な建造物にしようとめざされる。実用的、機能的という人為的な観点から作られることが多いのだ。だから、どうしても建物の外面的な側面に目が奪われてしまう。しかし、老子の視点はその逆で、内部の空間の方に目を向ける。車輪を回転させるのに、こしき（中心）の空間によらなかったならば、地上で車は動かないだろう。ものを入れるのに、へこんだ空間によらなかったならば、容器として貯蔵するはたらきはできないだろう。光が出入りする窓やドアという空間がなかったならば、住むための場所はないだろう、と言う。ドーナッは穴があるからドーナッとして存在する。ドーナッに穴がなければただの揚げ菓子ということだ。目に見えている一つ一つの材料はそれぞれ有益なものであるが、ドーナッの穴のように、空や無があってはじめて有用なものになるのだ。目に見えない空間が、有るもの無いものという全体的な多様性を統一することで有用なものになるという捉え方である。

へこみや空間に空気が充満しているから、車や容器、部屋などはそれぞれ効果をもつことになる。空というはたらきによって空間が充実しているのだ。空すなわち気が充満しているとは、人為的なものから解放されて、自由な空間になっていることである。老子は「無の有用性」と言う。世の中には役に立たないと言われるものは何もないのだ。「無用の用」である。「原始の始まり」とはそのような状態であった。役に立つ、役に立たないというのは、後世の人間のエゴがつくりだしたものなのだ。

学校や教室は多様な人間や教材が集まった空間である。しかし、一般に学校でみられる空間の利用の仕方は、効率的、均質的、画一的、人為的な方法でおこなおうとする。それに対し、優れた教師の指導している教室が生き生きしているのは、そのようなものから解放され自由な雰囲気がつくられているからだ。いろいろな個性をもった子どもたちと向きあい、自由な関係性が築かれ、空間に個性が満ちているのだ。このような教師は、多様性の統一と「無用の用」というはたらきの重要性について自ずから知っているのだ。

五木寛之は前掲書で言う。「自分のなかに『気』のいい流れをつくっている」人は、「それを他人に施すことによって、つまり、利他をすることによって、より大きなエネルギーが自分のなかに、またはいってくる。つまり、人を癒すということは、自分も癒されることである」と。優れた教師と言われる人たちも、子どもや教材からエネルギーをもらっているのだ。そのような教師のいる学校では、子どもと教材との間で、また教室や学校という空間に、ゆったりとしていながら、ある緊張感が張りつめている。そして、それぞれ存在しているものに、自ずからそうなっているという気持ちのよい「気」が流れているのだ。

二　心地のいい環境

「道」は万物を生み出し、「徳」がそれらを養う

『老子』第五一章

道生之、德畜之、物形之、勢成之。

是以萬物莫不尊道而貴德。道之尊、德之貴、夫莫之命而常自然。

故道生之、德畜之、長之育之、亭之毒之、養之覆之。生而不有、爲而不恃、長而不宰、是謂玄德。

「道」は万物を生み出し、
「徳」がそれらを養う。
ものはそれぞれの性質によって形づくられ、
何かのはたらきをもつものとして成る。
だから、万物はすべて「道」を尊び、「徳」を貴ぶ。
「道」が尊ばれ、「徳」が貴ばれるのは、
誰かがこれを命令するのではなく、
自ずからそうなるからである。

このように、「道」は万物を生み出し、
「徳」はそれらを養い、
成長させ、
育て、
形を与え、
特性を与え、
かばい、
庇護する。
それらを生み出しても、所有することなく、
施しても、報いを期待しない。
成長させても、管理することをしない。
これは奥深い「徳」と呼ばれる。

一般に、道徳は、社会のなかで善悪を判断し守るべき基準として設けられたものだと捉えられている。だから、外側から規制するのが基本となる。それに対し、ここでは、「道」とはすべてを生成すること、「徳」とはそれらを養育することだ、と言う。この生成、養育に関して、老子は「人は地を手本」とするように促した。つまり、人間が手本とするのは、耕したり生活したりする、それぞれの土地の状況に従うということである。そして、その土地は季節や天候といった天を手本とし、天は秩序をもった「道」を手本にし、「道」は「自ずから然り」という原理を手本にする、というのだ。

人間の心も土地である。「心地よい」という言葉がそれを示している。水をまき、肥料を与え、太陽や空気の恵みによって豊かな土壌となり、草木や大樹が育っていくのと同じように、心の土地も豊かになっていくのだ。そして、生み、育て、形を与え、特性を与え、かばい、守るのは「徳」のはたらきなのだという。

それらの行為は「誰かが命令」するのではない。例えば、学校や社会で守るべき道徳の規準や規制が意図的に設けられたとき、それがどうしても自分の心とマッチしない経験をしたことがあるだろう。だから、豊かな心地も、意図的につくったり、欲望をもって耕そうとしてもできあがるものではない。「自然にそうなる」ことによって、心地よい環境はできあがるのだ。そして、所有、報い、管理などを期待するようではだめなのだ。見えない「奥深い『徳』」として尊ばれることが大事なのだ。
「自然にそうなる」ということは、ことさら意図や欲をもたず、何もなさないという「無爲」のことである。これについて、老子は第三七章で言う。

道常無爲、而無不爲。侯王若能守、萬物將自化。化而欲作、吾將鎮之以無名之樸。無名之樸、夫亦將無欲。不欲以靜、天下將自定。

「道」はいつでも何事も為さない。
だが、それでいて為されないということはない。
もし統治者がこの「道」を守っていけるならば、
万物は自ずと変わるだろう。
もし変わる過程で欲望をもち始めるならば、
名前をもたない生まれつきの本性によって鎮めるのだ。
それを経験すれば、意図をもたない状態があらわれる。
欲がなくなり静かになれば、
世の中は自ずと安定するだろう。

「道」は万物を生み出し、「徳」とともにそれらを養い育てる。しかし、
それを自慢したり、誇りに思ったりはしない。自然のままにそうなったの

だというのである。「無為にして、而も為さざるは無し」である。何事も為さないが、しかし、「それでいて為されないということはない」というのだ。

数多くのオーケストラ曲や映画『ゴジラ』などの作曲で知られる伊福部昭は、子どもの頃から「『老子』の素読をやらされ」、そこから「考えられないほどの強い影響を受けている」と述べている。そして、札幌の旧制中学校時代には、後に彫刻家となる佐藤忠良や作家となる船山馨らと「絵画グループ」に入り、三人とも画家になろうと思っていた、と言う（伊福部昭「北の譜」北海道新聞社編『私のなかの歴史7』北海道新聞社、一九八七年所収）。彼はほとんど独学で作曲家になるのだが、この時期に絵画と音楽の領域が交差し、老子や荘子が言うような感覚の交流があったことは注目される。また、彼は、当時の子どもとしては珍しく、アイヌの子どもたちと交流し、彼らの行事などを見たり聞いたりしており、「こうした付き合いの中で得たものが、後にいろいろな形で影響を与えている」と述べている。

政治学者で音楽評論家の片山杜秀は、伊福部のこの「鄙の体験」に注目し、「大方の日本人のようにアイヌに民族的偏見を持たない純真な子供だったからこそ、日本とアイヌの境界線を越え、両者を比較し交差させながら、音楽的原点を形成し得た」と捉えている。そして、「おのれの一番信じられる道を歩もうとすれば、子供の頃に刷り込まれた体験に忠実である他はない」と述べ、ゲーテの「真の教養とは再び取り戻された純真さである」という箴言を伊福部が愛していたことを紹介している（片山杜秀「伊福部昭、またはコーカサス的純真」『音楽現代』二〇〇六年四月号、芸術現代社）。まさに「非区別」「非差別」が体得されていたのだ。また、筝演奏家の野坂惠子は、伊福部の書斎に「無爲」という諸橋轍次の書が掛けられ「この書を見てから仕事を始めます」という言葉を紹介している（野坂惠子「恩師　伊福部先生のこと」『音楽現代』前掲号）。伊福部昭は日本では珍しい本物の老子的生き方をした人物であると言えよう。

「無爲」とは何事も「爲さない」ということではない。「無作爲」すなわち「作爲の無いこと」、ことさら人為的に手を加えないということである。自分の主観的な意図や偏見を加えず、ものを、ものそのものにさせるということだ。あるがままに、ということである。ものごとに対し、人為的に意図したり、欲望をもって臨んだりすると、その結果に対し、期待や不安が激しくなる経験をしたことがあるだろう。心が安らかに静穏にならないのだ。

ハイデガーは、「道」のことを、暗示的に「田舎」、すなわち「自由を与える開拓地」と呼んでいる。すべてが澄み切って自由であり、すべてが隠れており、たがいに開かれた自由があり、万物を生み出す地域。静けさが鳴り響く言葉。「心地よい」とはこのことである。伊福部昭少年がアイヌの子どもたちと過ごした「田舎」とは、まさにこのような環境だったと言えよう。

「教育はアートである」と言われる。それは、教育がたんなる技術ですむものはなく、自由で創造的なわざを含んでいるからである。一人前の人間にしていくには、その子の「あるがまま」を生かし、心の土地を養うための耕作は不可欠である。「藝術」の「藝」という漢字は、人がかがんで土地に若木を植えるさまを表している。それは、わざや勢いともつながる神事的なおこないであった。それぞれ種類や性質の違う木々が大樹に育っていくには、それに応じた豊かな土壌によるところが大きい。教育という営みがアートや芸術と近しいように、心地のいい環境は教育にとって欠かせないものである。

三　水のようなふるまい

川や海があらゆる水に対して王者でありうるのは、
それらが低い位置にあるからだ

『老子』第六六章

江海所以能爲百谷王者、以其善下之、故能爲百谷王。
是以聖人欲上民、必以言下之。欲先民、必以身後之。
是以聖人處上而民不重、處前而民不害。
是以天下樂推而不厭。以其不爭、故天下莫能與之爭。

川や海があらゆる水に対して王者でありうるのは、
それらが低い位置にあるからだ。
だから、あらゆる水の王者でありうるのだ。
このように、賢者は人々の上に立とうと思うならば、
必ず、人々の前で言葉をつつましくしなければならない。
人々の先に立とうと望むならば、
必ず、彼らの後に身をおかねばならない。
そういうわけで、賢者は人々の上にいても、人々は重いと感じず、

人々の前にいても、人々は何ら障害と感じることがない。
だから、世の中の人々は喜んで彼を支持し、いやがらない。
そもそも誰とも争わないから、
世の中の人は彼と争うことができないのだ。

リーダーシップをめぐって喧《かまびす》しい。やれ統率力がどうだ。能力は、資質は、と。職場の上司として、どのようなタレントや有名人がふさわしいかといった企画もある。だが、誰がみても望ましいと思われる指導者は、人々から慕われる人物であることは間違いない。信長や秀吉のように野心をもった政治家は危ない。特に、ヒトラーのような芸術家くずれの政治家は恐ろしい。最近の会社では、率先型よりも社員のやる気を出させる型の指導者の方が話題になる。
学校でも、管理主義や体罰が横行したときに、指導者をめぐって議論があった。指導者の権力やパワハラも問題だ。統制や均整がとれ、何ごとも問題がないようにみえても、教職員のやる気をそぎ、子どもたちが生き生きしていない学校となると、指導者の責任は大きい。

人々から敬われる指導者は、あらゆる水を受け入れる川や海のような位置にいる人だ、と老子は言う。あらゆる水のなかで最も低い位置にいて、小さな川に対しても、つつましく、へりくだるような謙譲な人のことである。「道」は水のようであると言われる。そして、この「道」を体得した指導者は、他のあらゆる人よりも低い位置に存している。大河や大海があらゆる川を包容しているように。それぞれ性質の違った川の水を受け入れ、水源や水脈も掌握しているのだ。学校や会社の指導者は、このように大河や大海のような位置から、集団のそれぞれの人の性質や行動を把握することが望まれる。

老子の思想に深い関心をもっていた心理学者のユングは、個人の無意識を超えた普遍的な集合的無意識という独創的概念を示した。これは「無意識の大涛」、「無意識の暗い海」「無意識の深い海底」などと形容されている。太古から脈々と続き個々人からの膨大なイメージや体験が深く沈殿していった層の無意識である。だから、この層に位置すれば人間の感情面でも精神面でも平和で安定を与えるというものなのだ。いろいろな水のなかでも、この最も低い層に達すれば、最もつつましい態度でものごとを捉えることになる。

『老子の思想』の著者である張鍾元は、「このつつましさの教えは中国文化の本質的な一側面である」と述べている。だから、覇権主義を唱える中華思想はこれとは相容れないものなのだ。水のようなふるまいが指導者にふさわしいものである。水について、老子は第八章で言う。

上善若水。水善利萬物而不爭、處衆人之所惡、故幾於道。

居善地、心善淵、與善仁、言善信、正善治、事善能、動善時。
夫唯不争、故無尤。

最上の善とは水のようなものである。
水はあらゆるものに恵みを与え争わない。
それは誰もが嫌う地味な場所でいつも満足している。
このように、水は「道」に近いものである。
我々の身の置きどころには、地味な場所がよい。
いろいろな考えのためには、奥深さがよい。
友だちとの交わりには、心やさしいのがよい。
言葉には、誠実さがよい。
政治には、良く治まるのがよい。
ものごとにおいては、任せるのがよい。

行動においては、時宜にかなっているのがよい。
このように、争わないから、まちがうことはない。

「最上の善」、すぐれて善なるもの、「上善」は水のごとしだ、と言う。「上善若水」は「上善如水」とも書かれ、酒の名前でも知られているが、老子の善は一般にいわれる善悪の善とは異なる。一般的には善悪は善い悪いと相対的なかたちで捉えられる。しかし、老子は「善と悪にどれほどの違いがあろうか」と言う。つまり、善とは、善悪、善不善といった相対的な立場を超えて、水のように「道」のあり方に近いものを指している。だから、善人も「道」を求めている人のことである。老子がここで述べている人間のそれぞれの行為の内容は、確かに水の性質に近いものである。

「この世の中で水より柔らかくてしなやかなものはない」と老子は言う。そして、このしなやかさで堅くて強いものを負かすのだ、と捉える。老子の哲学である。さらに、彼は、次のように、特に水という言葉を使わなくても、水をイメージした人間の行為のあり方について言及している。第四三章である。

天下之至柔、馳騁天下之至堅。無有入無間。
吾是以知無爲之有益。不言之教、無爲之益、天下希及之。

世の中で最もしなやかなものが、
世の中の最も堅いものを貫通する。
形のないものがすき間のないところに入りこむ。
ここで、私は、無爲が有益であることを知る。
言葉のない教えと、
無爲の益に、

匹敵するものは世の中に何もない。

ここには水という言葉は出てこない。しかし、これまでの老子の研究では、この文章は水に関してのものであると解されるのは「定論」とされている。老子の研究者である蜂屋邦夫は、ここでの「言葉のない教え」(「不言之教」)の語句について、「水は言葉で何かの意図を伝えるわけではないので、水から学び取る教えは『不言』の教えである、ということ。言葉を超越した教えの意味。」と注釈している(『老子』岩波書店、二〇〇八年)。日常生活における行為や言葉は、水に教わり、水のようにおこなうということを示している。

現代社会では、軽い言葉が氾濫し、権威主義や上昇志向が拡大している。だから、ますます硬直した社会へと向かっている。それに対し、水のようなふるまいのモデルでは、不言の教えが尊ばれ、最も低い地味な場所から、つつましく世の中を見て生きることがめざされる。水のように柔軟でしなやかな社会の構築に向かって。水は、もめごとがおきると、それに流すようなものではなく、水のようにふるまうことこそが、解決し生きていくうえで大事なものであることを、私たちに教えてくれるのである。

第5章

大器は晩成なり

一　早熟の時代に

人々は光り輝いているのに、
私一人が暗くて鈍い

『老子』第二〇章

唯之與阿、相去幾何。善之與惡、相去何若。人之所畏、不可不畏。
荒兮、其未央哉。
衆人熙熙、如享太牢、如春登臺。我獨怕兮、其未兆、如嬰兒之未孩。
儽儽兮、若無所歸。
衆人皆有餘、而我獨若遺。我愚人之心也哉。沌沌兮。
俗人昭昭、我獨若昏。俗人察察、我獨悶悶。
澹兮、其若海。飂兮、若無止。
衆人皆有以、而我獨頑似鄙。我獨異於人、而貴食母。

「はい」というのと、「ああ」というのにどれほどの違いがあろう。
善と悪にどれほどの違いがあろうか。
人々の恐れるところで、恐れないわけにはいかない。
ひろびろとしてどこまでも果てしない。

人々は浮き浮きし、生けにえの祝宴を楽しみ、
春の日に高台に登って楽しんでいるかのようだ。
私はただ一人、ひっそりとして、何の気持ちも起こさず、
まだ笑ったことのない赤子のように。
疲れて帰るべき家もない者のように。
人々は、皆、ゆとりがあるのに、
私一人だけがこれらすべてを置き去りにしてきたようだ。
私の心は愚かものの心だ。
何も分からない。
人々は光り輝いているのに、
私一人が暗くて鈍い。
人々ははっきりして賢いのに、
私一人が鈍くて大まかだ。

何と静かなことか、穏やかな海のようだ。
強い風が吹くように、止まることがないようだ。
人々はすべて有能であるのに、
私一人が鈍くて田舎者のようだ。
ただ、私には他人と違っているところがある。
「母」によって養われているのを貴ぶことである。

人間は、なぜ学び、なぜ学問をするのだろうか。この問いは、いつの時代でも発せられる。それは人間や社会の幸せと関係しているものだと言える。しかし、その幸せをどのように捉えるかによって、学びや学問の性格は変わってくる。

現代社会において、特に先進国の人々は地球の自然エネルギーを開発し、贅沢三昧の生活を楽しむところに幸せの基準を置いている。だから、それに応じて、国際競争に打ち勝つように、海外で活躍しうるグローバル人材の養成がめざされることになる。そこでは、野心や欲望がかき立てられ、競争主義や成果主義がもちこまれる。そして、この考えは教育の世界にまで及ぶことになる。問いと答えの間が短くなり、その間の試行錯誤の過程が省略される。子どもたちは急いで急いでという「時間泥棒」の声にせき立てられ、人間は促成栽培のように養成されていく。このような競争に適応できた人間が「聡明」と呼ばれ、今日の幸せをつかむことになるのだ。

老子の生きていた二五〇〇年以上も前も同じであった。人々はごちそういっぱいの祝宴を開き、高台に登って楽しんでいた。そのような生活をするには、野心や欲望があり、強い好奇心も必要であった。だから、老子にとって、これらの人々は、光り輝き、目的をもって生きているように映ったのだろう。

それに対し、私は、目的もなく、野心も欲望もなく、なまくらで、愚かで、暗くて鈍く、鈍くて大まか、と正反対の人物である。しかしながら、まだ笑ったことのない赤子のように静寂で、穏やかな海のように静かで、何ものにも縛られず、異様で田舎者のようだというように、他人とは違ったところをもっている。この私こそが老子である。「道」をマスターした人、得道者である。他人と違って、「母」すなわち太母、地母神によって養われているのを貴ぶ者である。一般の人々にはついて行けない面も多いが、他人とは違った「鄙」の「田舎者」の可能性を秘めているのだ。

ところで、このような人物は現在のグローバル社会でどのような意味をもつのであろうか。老子は、知や無知について、第六五章で言う。

古之善爲道者、非以明民、將以愚之。
民之難治、以其智多。故以智治國、國之賊。不以智治國、國之福。
知此兩者、亦稽式。常知稽式、是謂玄德。玄德深矣、遠矣、與物反矣、然後乃至大順。


いにしえの「道」にすぐれた者は、人々を聡明にしたのではなく、愚かなままにさせていた。

人々を治めることが難しいのは、彼らが知的分別をしているからである。

だから、知恵によって国を治めることは有害である。

知恵によらないで国を治めることは幸福である。

この違いを知って規範をつくる。

この規範を知ることが深遠な「徳」ということである。

深遠な「徳」は奥深く遠くまでとどく。

それはものの後戻りであり、そして、「道」との大いなる調和へと至るのだ。

「道」をマスターした昔の人は、人々に打算的に思考することや知的に分別することなどを知らないままにさせていた。だから、世の中を上手に渡ろうとする小賢しい知恵や、人を丸め込め、言いくるめるような悪知恵をもっていなかったのである。ところが、為政者やそのとりまきの官僚たちが、机の上で頭だけの知的分別を使って国を治めようとしたところから、いろいろな問題が発してきた。野心や欲望が勢いを増し、権謀術数がはびこることになる。そこで、老子は、第三章で、「賢者の治は人々の心を虚しくさせ、腹をしっかり固めさせ、志を弱めてやり」「人々を無知無欲の状態にする」ことを求めたのだ。

ところで、「無知無欲」の状態になって、これで人々は大丈夫だろうかと心配になってくる。為政者にとってはこれほど楽なことはない。なにしろ人々は無知であり無欲だからである。愚民政策ととられかねない恐れがある。しかし、老子の言う無知とは、試験に受かるための知識や、知ったかぶりの借り物の知識を無くせということである。決して知識を否定するものではないのだ。同じように、無欲とは、出世のため、名誉のため、金儲けのためといった欲望を無くせということである。ものごとをありのまま捉え、「あるがまま」に生きる人間には野心や欲望はいらないからだ。

為政者や人々が、打算的思考や知的分別の呪縛から解放され、瞑想的な思考へ、分別をする以前の存在である無知へ、すなわち非分別の状態へと戻らなければ、幸せにはならないと言うのだ。これは、世俗的なことがらの知識をもたないということではない。むしろ、そのようなことがらを「あるがまま」に理解し、それらが現れてくる源をつかむことを意味している。だから、瞑想と非分別によって、知の源をつかむことがめざされるものなのだ。

そのためには、どのような方法が必要なのだろうか。「人々を聡明にしたのではなく」とは、原文では「非以明民」となっている。蜂屋邦夫は、ここの「明民」の「明」を、王弼の注に拠って「知見が多く、物事をなすのに巧みで、素朴さが覆われてしまうこと」と注釈するように、「非以明民」とは、人々に対し知識をもって巧妙に振る舞って素朴さがなくなるような思考にさせないということになる。同じく、「愚かなままにさせていた」とは、原文では「将以愚之」で、「知をはたらかせず、その素朴な本性を守り、自然なる道に順応すること」というように「愚」のままにさせていたことになる。打算的思考による知見がはたらく以前の状態、素朴な愚の状態に「後戻り」することが必要なのだ。そこは自由で静寂なところなのだ。二五〇〇年以上前にみられた早熟の時代にあって、老子は、このように、学びとは何かを問いかけたのである。

老子よりも少し後に性悪説で活躍した荀子は、老子と同じような問題意識から、学ぶことの意味を問うている。「勧学篇」で言う。

君子之學也、入乎耳、箸乎心、布乎四體、形乎動靜。端而言、蝡而動、一可以爲法則。小人之學也、入乎耳、出乎口。口耳之間、則四寸耳、曷足以美七尺之軀哉。

君子の学びは、耳から入って、心に着き、
からだ全体にゆきわたらせる。
その結果、日々の動静にあらわれることになる。
だから、どのような微細な言葉や行動も、
ひとつの法則となっている。
小人の学びは、耳から入って、口に出てしまう。
口と耳の間はわずか四寸だけである。
これで、どうして七尺のからだ全体に、

ゆきわたらせることができようか。

昔から耳学問というのがある。ふだんから、私たちは、人の話を聞いて、そこから得ることが多い。読書によって得るよりも、耳から勉強したことの方が圧倒的である。情報の量も違うし、総合的である。日本の古代人は耳を「実実」とつなげて発音し、耳からの成果を重視した。稗田阿礼のような人は耳からの記憶力も抜群であった。また、聖徳太子は、何人もの人の話を同時に聞けたという逸話も残っているぐらいだから、よほど耳がよかったのだろう。聡明の聡は文字通り耳偏である。

耳から知識が入るという点では君子も小人も同じである。しかし、君子の学びは、耳から入ったものがそのまま心にしっかり刻み込まれ、身体全体に行きわたり、動作にまで表れる。わずかな言葉や行動もことごとく人々の規範となっていく。それに対し、小人の学びは、耳から入ってもそれをすぐにしゃべってしまう。人から聞いた知識をそのまましゃべるので、その人の言行になんら影響を与えず、人格形成にまで及ばないのである。

続けて、荀子は学問をする人についても言う。昔の人はひたすら自己のために学問をしていたのに対し、今日では他人を意識しておこなっていると。名声や名誉、利益のためであったり、競争のためであったりするというのだ。だから、君子の学びが一身を美しくするのに対し、小人の学びは禽獣となるだけだ、と厳しい。問われもしていないのに得意然として騒がしく、一を問われても二を語るというように、くだくだしして騒がしく、でしゃばりなものだ、と言う。それに対し、君子の学びは「響きの如し」と言う。つまり、君子が人の質問に答えるのは、響きの声に応ずるように的確なのだ。君子の学びが教養として人間形成に及ぶのに対し、小人の学びは教養とならず、たんなる借り物の知識として口から出まかせのものにすぎないのだ、と手厳しい。

同じように、『荀子』「非相篇」では、人間の弁説について、聖人、君子、小人の三種類に分けて述べられている。聖人の弁説は、前もって思いを巡らせたり早くから考えを練ったりしているわけでもないのに、発言が理にかない、文節が法にかない、語ったり沈黙したりして事の変化に応じ、行き詰まることがない。次の士や君子の弁説は、前もって思いを巡らし早くから考えを練り、少しの言葉でも聴くに値し、文節もあり、本当の事実を語り、広く正しい点をもったものである。最後の小人の弁説は、話し方は能弁であるがまとまりがなく、事をおこなっても偽りが多く、功績もなく、英明な王に従うこともできず、下の者をも適切に統制することができない。けれども、口先の弁舌や承諾の返事には節があるので、奇特な者であったり世俗にたけた者なのである。これは悪人中の悪人といわれる、と言う。今でも、このような人物にお目にかかるだろう。このように、学びと弁説の関係は小人と君子で見事に対応しているのだ。

老子や荀子は、その時代の学びのあり方に疑問をもち、学びとは何かをもう一度根本から問いかけたのである。現代の日本の社会や教育の状況と照らし合わせてみると、なんと数多くの小人たちを輩出させていることだろう。

二　早熟の罠　晩熟の夢

私には三つの宝がある。第一は慈しみであり、第二は倹約であり、第三は世の中の人々の先頭に立たないということである

『老子』第六七章

天下皆謂、我道大、似不肖。夫唯大、故似不肖、若肖、久矣其細也夫。
我有三寶、持而保之。一日慈、二日儉、三日不敢爲天下先。慈故能勇、
儉故能廣、不敢爲天下先、故能成器長。
今捨慈且勇、舍儉且廣、舍後且先、死矣。
夫慈以戰則勝、以守則固。天將救之、以慈衞之。

世の中の人々は、皆、私が広大ではあるが、
愚かに見えるという。
そもそも大きいからこそ、愚かに似ているのである。
もし賢ければ、
私はとっくに微細なものになっていただろう。
私には三つの宝がある。
第一は慈しみであり、

第二は倹約であり、
第三は世の中の人々の先頭に立たないということである。
慈しみがあるから勇気を出すことができ、
倹約するから広く施しをすることができ、
世の中の人々の先頭に立たないから、
万人の長となれるのだ。
ところが、今、人々は慈しみを捨てて勇敢であろうとし、
倹約をさしおいて広く施そうとし、
人の後につくことをやめて、人々の先頭に立とうとする。
しかし、そこには死があるだけだ。
そもそも、慈しみによって戦えば勝ち、
うまく守れば、堅固になる。
天がこれを救おうとすれば、

慈しみによって護られるのだ。

他者との人間関係をうまくつくるのは、つくづく難しい。こちらが良いと思っておこなったことが相手の心を傷つけたり、逆に、相手の真意がわからなくて誤解したりするようなことが多くある。私はもともと内向的な性格なので、相手とのコミュニケーションも含めて、自分でもつくづく厭になるぐらいの消極的な人間である。積極的で社交上手な友だちをいつも羨ましく思うものである。しかし、慈しみの心をもち、贅沢をしない、人々の先頭に立たない、という老子の言葉に出会ってから気持ちが楽になったものである。

老子のこの三つの宝は、彼の教えの基本になるものである。愛よりも原初にあって人間の直接的源にある慈しみ。動物や植物をはじめ、ものや他者に対しての直観的、無意識的な慈しみ。自分と他者とが融合され、自己が無私にまで変えられていく慈しみ。この慈しみをもつことで、自己と他者との間の矛盾や敵意はなくなり、信頼関係だけが存在するのだ。そして、この慈しみをもつことで勇気がわいてくるというのだ。

慈しみは人為的につくられた愛よりも古くからあり、原初的で親密な仲間感情が基本になっている。そこでは、人為的に努力して愛するということよりも、内発的に誠実に愛するということによって、他者との一体関係ができあがるのだ。動物や植物といった分け隔てもなく、あらゆるものに対し慈しみの心で接すると、それらと一緒になり、先頭に立とうという気持ちもおきてこないのだ。だから、自分のもっている能力を、ありのままに最大限に発揮されることになる。そして、なにごとにも倹約する気持ちをもてば、心は大きくなり、必然的に広く施すことが可能になるのだ。

人為的につくり出された愛や勇敢、贅沢、一番志向は、人間界だけでなく、あらゆる生物界において競争と争いを生むことになる。だから、老子は慈しみを唱えたのだ。それは「道」の思想の具体的な姿なのである、しかし、「道」の思想が衰えると、政治や社会に人為的な仕組みがつくられていく。それとともに、慈しみの考え方も退くことになる。そのへんの事情を老子は第一八章で言う。

大道廢、有仁義。智慧出、有大僞。六親不和、有孝慈。國家昏亂、有忠臣。

大いなる「道」が衰えるようになって、
慈善と道義の教えがおこった。
思考や分別が尊ばれるようになって、
大きな虚偽が始まった。
家族の者たちが不和になりだしてから、

子としての孝行や愛情が必要となった。
国が混乱し暗黒となってから、
忠義な臣下が出てくるようになった。

老子は鋭い。この文章に納得する人は多いだろう。天や地、人間や万物が調和していたときには、慈善や道義、道徳といった人間のつくった行為やルールはなかった。すべてが調和していたから差別はなく、あらゆるものに慈しみやあわれみの情がゆきわたっていた。しかし、このように調和した「道」の思想が衰えると、人を援助し施しをおこなう慈善の考えや、人が従うべき正しい道を説く道義の教えがおこってきた。また、調和や統合をめざしていた思惟の時代から、分析的思考や頭でものごとを分別する道理の思想が尊重される時代へと移ってくると、嘘、偽り、虚偽、詭弁、詐欺などが横行することになった。さらには、家庭での孝行や愛情が求められ、忠義な家来や官僚なども出てくるようになってきたのだ。

それ以降、今日まで、人間がつくりあげてきた道徳原理によって、私たちの心や行動は大きな影響を受け続けることになる。日常生活で守るべき規則や道徳に縛られ、窮屈な思いをした経験があるだろう。このように外部の勢力によってつくられ、人為的制限を加える道徳的原理は、道徳教育などを通して個人の内面にまで浸透し規制してきたのである。そこで、今こそ、この地上に生きている仲間の一員として、あらゆるものに対し、心の内部から出てくる本来の慈しみとあわれみの気持ちをもって、接していかなければならない。「自ずから然り」という原理にもとづいて人間関係をつくっていくには、ここからしか道はないのだ。

人間関係をどのように築いていくか。それに関して、『荘子』「山木」第五章に出てくる次のような孔子のエピソードも興味深い。孔子はいろいろなところで何回も災難にあい、それ以降、親しい友だちや弟子は離れていいった。その理由は何かと子桑雽に尋ねた。それに対し、子は、千金にも相当する高価な玉を捨てて、赤ん坊を背負って走り出した林回という人物の例を出し、「千金の玉はただ欲得ずくでつながっているだけだが、自分の赤ん坊とは天を通じて親子として結ばれているからだ」という林の言葉を出して答えている。利益でつながっている人間関係は、禍や災難に遭うと相手をすぐに見棄ててしまうが、天の道で結ばれている関係は、自分の方へと引き寄せるものだ、というのだ。この問答があって、次の有名な言葉が出てくる。

君子之交淡若水、小人之交甘若醴。
君子淡以親、小人甘以絶。彼无故以合者。則无故以離。

君子の交わりは淡々として、

水のようであるが、
小人の交わりは甘く、
甘酒のようなものだ。
君子の交わりは淡々としているので、
いつまでも親しく続き、
小人の交わりは甘いので、
すぐに絶えてしまうものだ。
このように、深い理由もなく結びついた交わりは、
たいした理由もなく離れていくものだ。

これを聞いて、孔子はこの教えに納得し、家に帰って学問を絶ち、書物も捨ててしまった。そして、弟子たちもまた孔子の前でかしこまってお辞儀することもしなくなったが、師弟の愛情はますます深まっていった、と

荘子は落ちまでつけて述べている。

蛍を呼び寄せるまでもなく、甘い水はいつの時代でも利益と結びついている。これは政治家や優秀な官僚の腐敗のもとでもある。それにしても、この世の中で小人レベルのつき合いがいかに多いことか。そして、甘水の種類はますます増え、その濃度はますます濃くなっている。老子も「上善若水」「上善如水」と言っているように、水の比喩は老荘思想の特徴である。水はあらゆるものに利益を与え、争うようなことはしない。目立たないけれども奥深い考えを示し、心やさしい交わりをおこなうという性質をもっている。老荘思想は、水のような無理のないつき合いと、自然にかなった人間関係の構築を説いているのだ。

三　晩熟を見直す

大いなる容器はできあがるのがおそい

『老子』第四一章

上士聞道、勤而行之。中士聞道、若存若亡。下士聞道、大笑之。不笑、不足以爲道。

故建言有之。

明道若昧、進道若退、夷道若纇。

上德若谷、大白若辱、廣德若不足。

建德若偸、質眞若渝。

大方無隅、大器晩成、大音希聲、大象無形。

道隱無名。夫唯道、善貸且成。


すぐれた人が「道」のことを聞くときには、熱心にそれを実践する。

普通の人が「道」のことを聞くときには、あるときには実践し、他のときには忘れてしまう。

最も劣った人が「道」のことを聞くときには、大声で笑う。

笑われなかったら、それは「道」とするには足りないのだ。
だから、次のような『建言』がある。
明らかな「道」は暗いように見え、
前に進んでいく「道」は退いているように見え、
平坦な「道」はでこぼこしているように見える。
大いなる「徳」は深い谷のように見え、
大いなる白は汚れているように見え、
広大な「徳」は足りないように見える。
健やかな「徳」は怠けているように見え、
質朴で純粋なものは色あせて見える。
大いなる方形には角がない。
大いなる容器はできあがるのがおそい。
大いなる音楽には音がない。

大いなる象《イメージ》には形がない。
「道」は隠れたもので、名前がない。
しかし、「道」だけがあらゆるものに援助を与え、うまく成しとげるようにさせるのだ。

これからの時代に、私たちはどのような人間になることが望まれ、どのように形成されるのがよいだろうか。人間像とその形成の問題である。老子は「大いなる容器はできあがるのがおそい」（「大器晩成」）と言う。大きな容器は転じて大きな器量、また、それをもった人物というように、将来、大人物になるような人間のことにあてはめられる。

私は、子どもの頃、この言葉によって、いかに助けられ慰められたことか。試験の成績が悪かったときなどに「自分は大器晩成型の人間だから」と言って、逃げ口上に使う便利な言葉であった。また、人生の見通しを遠くの方に立ててくれ、子どもも心にも人生に対する可能性と自信を与えてくれる言葉でもあった。このような捉え方をしたのも、後世の人たちの解釈が影響しているらしい。と言うのは、老子の真意は、大器とは大小を超えた器をあらわしているものなので、大器はほとんど完成するようなものではない、というところにある。だから、ほとんど完成しないから大器だ、と捉えることもできよう。ここでは、「大いなる容器はできあがるのがおそい」という張鍾元の解釈に従っておこう。

大器は「道」をマスターした人のことである。しかし、ここに達するまでにはたいへんな困難がつきまとう。明るいものは暗いものに見え、前に進んでいくのは退いているように見えるという老子の捉え方は、理解するとか理解しないとかいう二元的な対立を超越したところでつかまえろということである。「平坦な『道』はでこぼこしているように見える」、というのも同じである。二分法的思考と欲望からの離脱である。蜂屋邦夫は「物事には極限まで行くと反転する場合がある。ここは、そのことを老子が発見したものとも解しうる」と評価している。私が主張する「教えないように教え」るという真意も同じである。これに続く一連の説明句も、何々は何々のようである、と正反対のものの対立を用いて逆説的にものの本質を言い表している。一般常識や矛盾を打ち破る老子の独創的なところである。

大いなる器を含むその後の一連の説明句も素晴らしい。一般常識では、純粋なものは白い、方形には角がある、容器はできあがるのは早い、音楽には音がある、象（イメージ）には形がある、ということである。ところが、老子はそうでないと逆なことを言う。つまり、「大いなる」という「大」の字がつくと、色の違い、角の有無、早い遅い、音の有無、形の有無、という二項対立的捉え方が超えられたものになるのである。

大いなる容器の「大」も、大小や遅速の区別をする以前の段階のものである。「大いなる音楽には音がない」という問題も、張鍾元はハイデガーの思想と重ねながら、言葉や音楽には音が出るのが常識であるが、ここでは、音がある、音がない、音を出す、音を出さないという有無と欲求の次元から後戻りすることによって、静寂の鳴り響きの状態になると説明する。蜂屋邦夫はここの「大」に関する後ろ四句を「老子による無限大の発見と解釈できる」と言う。矛盾や逆のことを提示し、それらを止揚している無限大の状態に戻ることを示しているのだ。だから、大いなる容器も、できあがるのが早いとか遅いとかを超えた存在なのだ。「道」は、このように、二元的思考による一般常識ができあがる以前の状態に戻らなければ、マスターできないものなのだ。

それでは、「道」が衰えて、自からの意図を貫き、欲求や野心をもって、二分法的思考で行動する人間とはどのような姿なのだろうか。老子は第三八章で描く。

上徳不徳、是以有徳。下徳不失徳、是以無徳。
上徳無爲、而無以爲。下徳爲之、而有以爲。
上仁爲之、而無以爲。上義爲之、而有以爲。
上禮爲之、而莫之應、則攘臂而扔之。
故失道而後徳、失徳而後仁、失仁而後義、失義而後禮。
夫禮者、忠信之薄、而亂之首。前識者、道之華、而愚之始。
是以大丈夫處其厚、不居其薄。處其實、不居其華。故去彼取此。

高い「徳」を身につけた人は徳を意識しない。
だから、「徳」がある。
低い「徳」を身につけた人は徳にこだわる。
だから、「徳」がない。
高い「徳」の人は何の行動もしないが、何事も為されなかったということはない。
低い「徳」の人は行動するが、故意に為される。
高い仁愛を身につけた人は行動するが、打算をもってするのではない。
高い道義を身につけた人は行動し、しかも打算をもってする。
最も礼儀のある人は行動するが、誰もそれに従わず、
それで、腕をまくり、相手を引っぱりこもうとする。
そこで、「道」が失われると、「徳」をかかげることになり、
徳が失われると、仁愛をかかげることになる。
仁愛が失われると、道義をかかげることになり、
道義が失われると、礼儀をかかげることになった。
礼儀はそもそも信義を欠くものなので、無秩序の第一歩となる。
先を見通すような知識は「道」の外見にすぎなく、愚昧の始まりである。

ここから、偉大な人は「道」に則して純朴なところに身をおき、薄っぺらな外見に身をおかない。

彼は「道」に則した真実に身をおき、華やかな外見には身をおかない。

このように、彼は外見を見合わせ、「道」のはたらきに従うのだ。


仁愛、道義、礼儀といった道徳性は儒教の教えによってつくられてきたものである。それらの内容には、こだわる、故意、動機をもつ、相手を引っぱるといった人為的な意図が込められている。老子や荘子はこれらの徳を「徳」とはみなさない。「徳」は、非差別、非区別、非意志を自らに課して得られるものだというのである。礼儀は無秩序の第一歩、先見的な知識は愚行の始まりだ、と厳しい。ものごとの外見だけにとらわれると真実は見えてこないと言うのだ。それに対し、瞑想によって心の深層にとどまると、表層的に思考するようなことは何もなくなり、自らが行為をしても何も迷うことはない。このように、「道」のはたらきに従った者こそが「徳」を身につけた人である、と言うのだ。

それでは、このようにして「徳」を身につけた人たちが生きた社会とはどのようなものであったのだろうか。そこから私たちの学ぶべきことについて考えてみよう。『老子』第三九章で言う。

昔之得一者、天得一以清、地得一以寧、神得一以靈、谷得一以盈、萬物得一以生、侯王得一以爲天下貞。其致之、天無以清、將恐裂。地無以寧、將恐發。神無以靈、將恐歇。谷無以盈、將恐竭。萬物無以生、將恐滅。侯王無以貴高、將恐蹶。故貴以賤爲本、高以下爲基。是以侯王自謂孤・寡・不穀。此非以賤爲本耶、非乎。故致數譽無譽。不欲琭琭如玉、珞珞如石。

昔から「一」を得たものがいた。
天は「一」を得て、清らかに、
地は「一」を得て、穏やかになった。
神は「一」を得て、霊的になった。
谷は「一」を得て、充満し、
万物は「一」を得て、生まれてきた。
統治者は「一」を得て、天下の模範となった。
すべては、「一」によってこうなったのである。
天は清らかでなければ、裂かれるだろうし、
地は穏やかでなければ、揺れるだろう。
神は霊的でなければ、砕けてしまい、
谷は充満しなければ、涸れてしまうだろう。

万物は生まれることがなければ、消滅するだろうし、
統治者は世の中の模範でなければ、つまずいてしまうだろう。

だから、価値あるものは価値なきものを根本として、
高いものは低いものを根本としている。

このように、統治者は自らを孤児とか、独り者とか、善くない者と呼ぶのだ。

これは賤《いや》しいものが価値あるものの根本として役立つことを証明しているのではないだろうか。

だから、最高の名誉はほめられないことである。

統治者は優美な翡翠《ひすい》のように尊ばれることを望まない。

彼らはつまらない石のようでありたいのだ。


ここで人間像の一つとして出されている統治者像は、長所のない、価値

のない、孤立した者として示されている。そして、最高の名誉はほめられないことであると言う。常識を打ち破る発想だ。しかし、価値なきものは価値あるものの根本すなわち基礎として役立つと言っており、説得力がある。そして、統治者はつまらない堅い岩石のようでありたいのだという意味も、現代の統治者たちは自分の姿と照らし合わせて考えてみるべきであろう。

「一」とは「道」のことである。蜂屋邦夫は、「一」という言葉には「バランス感覚が込められているように思われる」と言う。「『一』は『二』にも『三』にも展開するものであり、その展開を踏まえて、『道』ではなく『一』と言ったのだと考えられる」と解釈している。「一」「太一」「ONE」には多様性の統合を表す意味が含まれている。岡倉天心は「アジアは一つである」と言った。この「一つ」には多様なアジアをいかに統合するかという問題意識があった。彼は、渾沌子という別号をもち、道服のような着物をつくって着ていたところからも、老子や荘子から多大な影響を受けていたかがわかるだろう。そして、この時期には、アメリカでもR・W・エマーソンやH・D・ソローのような思想家たちが、東洋思想に影響を受け、西洋と東洋の思想を統合する「ONE」という概念にも触れている。それは対立物をいかに統合するかというところからきているものである。「一」すなわち「道」を得るには、まだ笑ったことのない赤子の状態にまで後戻りし、その後は、人為的なものを排して、無為のままに過ごさなければならない。翡翠《ひすい》が尊ばれ、早熟がもてはやされる時代において。野心と欲望が渦巻き、賢く好奇心の強い時代において。それとは対照的に、老子の描く「道」をマスターした人は、なまくらで愚かものの心をもち、はっきりしなくて鈍く、そして、つかみどころのない人物である。目的もなくさまよい、暗くてなまくらなもの、このような人物はすべてにわたって時間のかかるものである。まさに晩成である。そして、明らかなものは暗い、前に進んでいくのは退いていくようだという矛盾した認識を得るのは、どうみても困難なやり方である。しかし、これは禅の公案と同じように根源に戻れという課題である。禅の悟りでも、一挙に悟りを開く頓悟に対し、時間のかかる漸悟という方法もあるのだ。

老子は「絶學無憂」と言った。学を絶てば憂いはなくなるだろうと。「絶學」とは「学を絶ってみよ」「常識を破れ」という公案のようなものである。ある目的のための学習、何々のための学習を絶てという課題である。自分の心からわき起こってくるのではなく、他の人が押しつけてくるような学習をやめれば思いわずらうことはないだろうと。今日の「栽培的思考」方法による促成栽培の学習は手っ取り早くて効率がよい。しかし、真実をつかまえているとは限らない。このような自発的でない学習は、その目的と基準を人間の内面ではなく外側に設けることで、欲望と競争による学習へとつながっていく。それは、ものやことに対して感動し心に響く学習ではない。本来の学びの姿からはほど遠い。学びには時間がかかるものである。

早熟に対する晩熟や晩成。なんとよい言葉であろう。戦前の長野県の小学校に「晩熟生学級」というのがあった。大人が設けた学習基準についていけず遅れてしまう子どもたちの学級である。この言葉にはあたたかいまなざしが込められている。急がせ競争させる教育にあって、長い人生周期を見通して、ゆっくり熟していくのを待つ。ものごとの根源にふれる機会も多いだろう。「小さく産んで大きく育てる」という昔からの言葉もこれに近い。成熟説であり、時間を待ちながら育てていく方法である。今日の早いスピードの社会や学校教育についていけない将来の大器たちが、私たちのまわりにたくさんいることだろう。

おわりに

老子や荘子の思想は、知識を増やしたり、頭で考えたりするものではなく、日常生活で「道」をいかに実践し実行するかが基本となるものである。しかし、その難しさについて、若き日の夏目漱石も指摘している。

漱石は、一八九二（明治二十五）年の大学生時代に、「老子の哲学」という論文を書いている。そこでは、老子の思想について図解を交えながら整理し、儒教よりも「一層高遠」なもので、「希臘古代の哲学と同じく cosmology を以て其立脚の地となす者の如し」と評価している。しかし、英文学専攻の二十五歳の漱石は、西洋近代主義の立場から、「相対を棄て」「絶対の道」を説く老子に、「其論出世間的にして実行すべからず」と、その主張が現実生活からかけ離れていて実行できるかどうかと疑問を呈している。しかし、この論文を書いたあと、彼はそのことを「心の問題」として晩年の則天去私に至るまで深めていくことになる。この「心の問題」こそが老子の探っていった極致なのである。

「道」とは、まだ笑ったことのない赤子の状態に後戻りすることだ、と老子は言う。笑いを始めるということは、すでにものごとを区別して見分け、比較し、欲を感じ、差別し、打算をはたらかせ始めるということだからだ。人間の生涯の大部分はこうして過ごしていく。そして、人生の終末にあたる臨終のときに「末期《まつご》の眼」でものごとを見ることになる。欲も野心も打算もなく、すべてをありのままに見るときである。このように、人間の最初と最後にみられる純粋な地点から、私たちがほとんどを過ごす人生について、その心のあり方について、もう一度、捉えなおしてみたいものである。

私のこれからの人生で意図しないで実行することは、少しでも「きれいな心」

をもち続けるということである。つまり、ものごとをありのままに捉えるということで、「松の事は松に習へ、竹の事は竹に習へ」という『三冊子』での芭蕉の言葉が実践できれば、少しは心がきれいになるのではないかと思っている。それを意図しないで実行できれば、「道」にかなった生き方になるのではないかと思われるからである。

本書には、私が東京藝術大学附属図書館長として企画したときの資料が含まれている。そのときにお世話になった関係者の皆さんに改めて感謝いたします。

本書で引用した老子の文章は、私が翻訳した張鍾元『老子の思想――タオ・新しい思惟への道』(講談社、一九八七年)をもとにして、書き直したものを使用している。また、本書の一部には、寺﨑昌男編『教育名言辞典』(東京書籍、一九九九年)で執筆したものを生かして書いているところがある。執筆の機会を与えてくださった皆さんに感謝いたします。

本書が、大田堯先生の自撰集成、中内敏夫先生の著作集と同じ藤原書店から出版できたのは、私にとってこのうえない喜びである。これは、出版事情の非情に厳しいなかで、本書刊行の意義をご理解して下さった藤原良雄社主のおかげであり、感謝を申し上げたい。また、本書の刊行がスムーズに進んだのも、編集担当の小枝冬実さんのご助力によるものであり、心よりお礼を申し上げたい。

二〇一五年三月　上野浩道

著者紹介

上野浩道（うえの・ひろみち）

1940（昭和 15）年、奈良市生まれ。

お茶の水女子大学名誉教授、東京藝術大学名誉教授。

専門は教育哲学、芸術教育学。東京大学大学院修了。教育学博士。

花園大学講師、フルブライト上級研究員（オレゴン大学准教授）、お茶の水女子大学教授、附属中学校長、文教育学部長、東京藝術大学教授、附属図書館長などを歴任。

主な著書に『芸術教育運動の研究』（風間書房、1981 年、日本児童文学学会奨励賞）、『知育とは何か――近代日本の教育思想をめぐって』（勁草書房、1990 年）、『日本の美術教育思想』（風間書房、2007 年）、『美術のちから　教育のかたち――“表現”と“自己形成”の哲学』（春秋社、2007 年）、『形成的表現から平和へ――美術教育私論』（東京藝術大学出版会、2010 年）など、訳書に張鍾元『老子の思想』（講談社、1987 年）、ナンシー・R・スミス『子どもの絵の美学』（勁草書房、1990 年）、D・シスルウッド『ハーバート・リードの美学』（共訳、玉川大学出版部、2006 年）など。

老子《ろうし》に学《まな》ぶ――大器晩成《たいきばんせい》とは何《なに》か

2015年 4 月30日　初版第 1 刷発行©

著　　者　上　野　浩　道

発 行 者　藤　原　良　雄

発 行 所　株式会社　藤　原　書　店

〒 162-0041　東京都新宿区早稲田鶴巻町 523

電　話　03（5272）0301

F A X　03（5272）0450

振　替　00160 - 4 - 17013

info@fujiwara-shoten.co.jp

印刷・製本　中央精版印刷

落丁本・乱丁本はお取替えいたします

定価はカバーに表示してあります

Printed in Japan

ISBN978-4-86578-020-8